不怕牛熊，
看準多空
一樣賺

不管景氣好壞、不怕漲跌起伏，
逆風市場也能上看獲利 20%

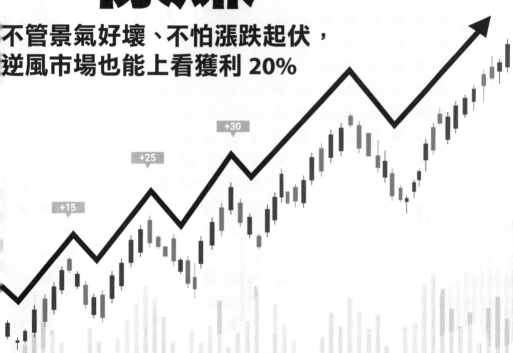

目錄

序

　　從 2011 年出版第一本書至今已經完成了五本投資理財相關的著作，除了專業的分享，自己也是理財投資的「受益人」，因為提早學習理財，幫助我在求學或置產上的付出相對他人省時省力。例如英國留學的費用有 1/2 是股票獲利所貢獻，同時趁著金融風暴低價購入便宜的房地產，不僅賺到升值的利潤，也讓我不用像其他人一樣成為背負高額房貸的房奴。

　　在我多年的投資理財經驗中，發現歷史其實都是重複發生，「買低賣高」是不變的法則，然而，有八成的投資者卻都是「買高殺低」，如此長期下來資產就不可能增加了。過去台灣高經濟成長的環境下，即便遇到金融風暴散戶賠光積蓄，只要景氣好轉仍然可以重新出發。然而，自從 2008 年金融風暴，導致許多中老年人的積蓄被「雷曼事件」波及，損失慘重。雖然 2008 年後各國政府持續寬鬆貨幣，讓股市起死回生，但是過度的寬鬆卻造成了「貧富不均」及「通貨膨脹」的後遺症。換言之，這幾年下來，若不懂理財專業的族群，根本沒有真正的享受到收益，反而承受低薪和物價上漲的惡果。更嚴重的是近年來台灣產業斷層，人才出走外移，更導致經濟環境的惡化，緊接著老人化的來臨，

這些生活問題，說白了，只有「錢」才能解決。在所得無法明顯提升下，「理財」就成了唯一的途徑。

　　但是就如前言，歷史會重複地發生，Fed多年的寬鬆政策，於去年開始逐步的緊縮，擺明了就是要謹慎面對未來股市多頭的轉折風險。在這個敏感的時期，讓我特別感興趣，因為過去皆成功地避開金融風暴的傷害，希望藉由此書，運用合宜的避險工具，幫助投資人平安渡過危機，早日達到「財富自由」的人生。

　　經過這麼多年，我自己大抵完成了退休後的理財規劃，現在即使不工作，也不用擔心生活所需，「財富自由」讓我有更多的時間來照顧年邁的雙親及家庭。從默默無名到如今的名利雙收，感謝一路走來幫助我的貴人、好友及家人，我能做的就是持續幫助大家，願大家事事如意，心想事成。

前言

　　過去的傳統時代，只要克勤克儉大多能安居樂業工作至退休，並如期領到全額的退休金，子孫滿堂的度過餘生。然而，我們這一代卻無法再複製相同的生活模式，且面臨前所未有的窘境，例如快速的老人化及少子化，低薪卻高通膨的環境等等，都讓我們及未來的年輕世代不知所措？因為誰也沒遇過這樣的難題？如何解決的確是一大考驗？

　　任何的結果大多能找出原因，只是願意面對與否？為何會有如此的問題？其實不難理解，例如父母親這代正處於戰後嬰兒潮，台灣產業的升級轉型且內需的需求擴張，這些都足夠支撐台灣的經濟體。以我從事金融業的父親為例，民國6、70年間的銀行利率高達兩位數，台灣經濟也是起飛期，這樣的環境當然是讓工作無憂安心退休。但是這樣的榮景在短短的1、20年就驟然的改變，主要還是「人為因素」造成。人為因素絕大部份是執政者的問題，當然這幾次的政黨輪替，錯過了台灣最佳的產業升級、公共建設及制度的實施，同時這幾年全世界的財政寬鬆皆讓老百姓未受其利卻深受其害，貧富不均的差異更難扭轉，大勢已去就不在此書中浪費篇幅討論政治議題，本書將直接告訴讀者未來台

灣經濟環境的變化，並且提出如何因應之方法，幫助大家在艱困的環境下生存而不淪為「下流老人」的世代。

其實如何面對未來的生活挑戰？最簡單的工具就是「錢」，確實俗氣但很實際。以我自己父母為例：退休多年到處遊山玩水就是靠著自己退休金、保險、房地產及股票等的理財收益支出，直到生病時的醫護費用支出，也能夠自給自足而不需要子女的負擔。甚至逢年過節聚餐也都是父母請客，完全不需要看子女的「臉色」，如此有尊嚴的老年生活，當然歸功在「金錢」啊！反觀其他的老者，因為「金錢」的匱乏，不僅無法得到最優質的醫護治療，還造成了子女的壓力，苦不堪言啊！也許你會認為，現在還是小資族的你怎能辦到？別擔心，投資的重要元素就是需要時間和經驗的累積，你的優勢就是「年輕」，只要加強投資專業且掌握複利的威力，在正確時間運用合適的理財工具，肯定能完成樂活退休的目標。

本書的重點將針對未來的經濟環境變化趨勢詳細描述，例如高齡化及少子化會影響哪些產業需求及發展。同時分享多空轉折訊號的最佳買賣點，包括經濟、貨幣、財報及技術分析指標的變化。此外針對各年齡層給予最佳的資產投資配置建議，如何避開理專推薦的地雷商品，不再讓自己辛苦累積的資產受到傷害。除此之外，散戶面對空頭來臨時如何保護資產，不再陪葬，並且積極出擊反手做空，相關商品都將逐一介紹。最後章節則是說明追求長期交易績效穩定的核心因素「紀律及投資心態」。

第1章

未來的世界和我們想的
不一樣

　　過去父執輩那代，欣逢工業革命、嬰兒潮，各行各業皆需求大於供給，經濟快速成長，一切皆是如此美好。只要勤勞的工作，皆能穩定工作至退休，領取不錯的退休金加上資產投資的績效，頤養天年輕鬆愉快。然而，怎麼到了我們這代，報章雜誌不斷地提醒我們「退休基金」、「健保基金」等等即將破產？究竟發生了什麼事？

　　還記得小時候大家曾有共同的作文題目就是「長大後想做什麼？」有的男同學會寫要當總統、女同學可能寫當老師或是護士？然而，長大後才發現，原來職業只分兩類，老闆及員工。當然老闆的比例比較少，大部份的我們都是受雇的薪水階級，真實的世界都是少數人擁有多數人的財富和權力，少數人改變多數人的命運，一旦少數的決策無法保持公正的態度，就會造成無法想像的後果。例如當今全球的貧富不均、通貨膨漲、少子化等等，甚至全球恐怖份子的行動，絕不是憑空出現，而皆事出有因。

　　2008年金融風暴後，全球央行強力寬鬆救市，表面上確實讓全球股市從谷底翻身甚至創新高。事實上，寬鬆低利的環境卻讓資本家更方便「錢滾錢」，貨幣供給過多，不僅股市、債市、房地產及各商品皆大漲，如此的現象自然造成通貨膨脹。然而，資本家在此寬鬆政策下，蒙受其利繼續擴大槓桿遊戲，例如低利融資買入庫藏股，發債融資提高負債比率等，導致全球2018年第一季負債總額達到247兆美元，隨著利率反轉升息，將造成企業償債負擔，萬一消費市場冷卻，企業將岌岌可危。

一般老百姓中，除了少數投資高手趁此機會翻身外，大多蒙受其害，民生物資的通貨膨脹造成薪水階級苦不堪言，房地產價格高漲更成為天然的避孕劑，導致年輕夫妻不敢多生，少子化更造成國家安全問題，低薪環境不僅逼著高端人才出走外，也讓整個國家窮忙。除了這些過度寬鬆而造成的副作用外，因為人口分佈的改變，過去家庭互助的功能消失，高齡化所引發的長照需求和退休金的缺口，更讓正值青壯年的我們覺得無助？未來的一切，好像都和過去不同了？以上的情況正持續的發展中，其衍生出的問題，如何解決？將是你我該學習的目標。

本章節將逐一討論少子化及高齡化對未來的改變，其中包括房地場市場、投資理財市場，甚至與我們息息相關的保險或銀行產業將如何變化？同時給予投資人合適的應對方法，避免遭受其損害。

1-1
生命週期的改變

　　一般人的生命週期簡單區分從嬰幼兒期、青年期、壯年期及老年期，過去的年代，只要循規蹈矩，專心求學，大部分的人都可以安全順利的進入壯年期成家立業，培育下一代，等待孩子成家立業後，在家人相互支持下，含飴弄孫安享天年。然而，這一切在我們這代已經成為童話故事中的「夢想」，現在的社會，在人為政策失誤，導致貧富不均日趨嚴重的情況下，投胎比投資更重要，投對胎就贏在起跑點了，出生在10%的高端家庭的孩子，完全不需要對未來擔心，除非自己不爭氣。中下經濟階層的孩子，可能連完成基本教育都需要相當努力。而過度寬鬆貨幣的後遺症，例如通貨膨脹和持續低薪，也使得中產階級消失，許多的年輕人大學剛畢業就背負學貸，惡性循環不易翻身。

　　過去的壯年期族群，搭上人口和經濟雙成長的列車，不僅工作穩定，薪水也是跟著物價同步調漲，如果再善加投資理財，幾次萬點翻個身，生活過的悠哉滋潤。現在的我們，低薪持續10

年，房價卻漲了2倍，生活物資水漲船高，人工智慧的發展更取代許多勞動力市場，中年失業習以為常，收入的不穩定性，更無法輕鬆規劃未來退休生活。

現在的老人就是經歷過台灣最美好時代的一代，因為平均子女人數較多，也享有健保的福利，即便退休金不敷使用，子女也有能力分擔。然而，未來我們的老年，參考日本高齡化的經驗，將是被子女拋棄的第一代，不僅在中壯年期就承受了經濟壓力，還得預期未來退休基金、勞健保基金的破產風險，到時可能一無所有的我們，情何以堪。

面對這樣的「巨變」，現在的我們真的只能坐以待斃嗎？當然不行！再困難的問題都有其解決的方法，所幸我的讀者粉絲平均年齡大約35歲左右，根據作者的經驗，只要5至10年的理財規劃和執行，就不需要擔心未來的改變。

假設你目前年齡為35歲左右，已婚有小孩的上班族，對於未來的規劃刻不容緩，因應未來人工智慧的環境，對於下一代的教育，培養重點就不該是過去填鴨升學式的教學方式，應該是要幫助孩子提升創造力或是人工智慧無法取代的技能。人工智慧無法提供的就是「有溫度」或「創新性」的行業，例如長照護理給予照護就是有溫度的行業技能，事實上，近年流行的直播主播業也算是提供「心理溫度」的熱門行業啊！

針對自身的規劃就必須提早訓練第二或第三專才，其中以理財投資為必要的學習之一，專才的訓練有助於競爭力的提升，也

可以為未來轉行提早準備，而理財投資的學習，更有助於老年退休金的累積，就不用擔心成為下流老人。

如果從年輕就開始積極的規劃並執行，就不需要擔心老年的來臨，事實上，這一、兩年在火車站附近，會發現流浪老人驟增，每個老人當然都有個別的故事，但共通點就是沒有「錢」。因此，我們未來的老年，除了理財投資可以維持退休金不匱乏外，擁有健康的身體和獨立堅強的生活也是減少下一代的負擔，為自己的人生負責，寫下完美的句點。

1-2
人口變化對內需市場的影響

　　日本少子化和高齡化的現況和影響，大家是有目共睹，根據報告至2040年，日本85歲以上的老年人將超過1000萬人，而65歲以上可達4000萬人，而15至64歲的勞動人口卻將減少約1500萬，勞動力驟降，直接的衝擊是龐大的老人長照費用缺口和長照人員的短缺，不僅造成了國安問題，也造成了經濟的嚴重損傷。台灣也將步入日本的腳步，並且更快成為高齡化社會。

　　據世界衛生組織定義，65歲以上老年人口占總人口比率達到7%時稱為「高齡化社會」，達到14%是「高齡社會」，若達20%則稱為「超高齡社會」。

　　台灣從1993年高齡人口就超過了7%，大約僅花32年，比日本的35年更短，歐美國家大都需要百年的時間才會如此。國際上的統計，老年人口由7%倍增至14%的老化速度的年數，法國需要115年，瑞典85年，美國73年，台灣僅花24年。根據台灣國家發展委員會推估，台灣由高齡（14%）再邁向超高齡

（20%）社會僅需8年，將在2025年達標，而英國應需要51年，
法國需29年，美國14年，日本需11年。

　　由以上數字得知，假設這幾年沒有大量的新生兒出生或是大
量移民的進入，台灣將於2025年，65歲的人口將高達20%，之
後就呈現超高齡社會，但比日本老化更可怕的問題，是至2060
年，15至64歲的勞動人口比例將由68%降至51%，65歲以上人
口，從2025年的20%增加至39%（圖1-2-1），換言之，10個人

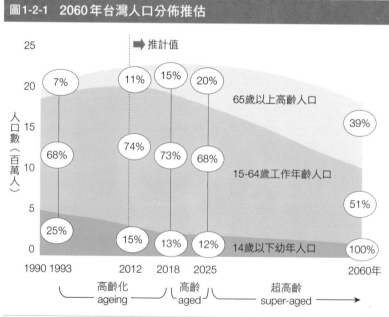

圖1-2-1　2060年台灣人口分佈推估

說明：圓圈內百分比數字代表三階段年齡人口結構百分比。
資料來源：1. 1990年至2011年為內政部「中華民國人口統計年刊」。
　　　　　2. 2012年至2060年為本報告。

當中就有4個人是超過65歲的老人，同時青壯年扶養老人比也從1960年的21個人負擔一個老人，驟減至2065年1.2個青壯年就要負擔一個老人，可以想像生活在自顧不暇的時代，未來的老人必將是無人幫忙照顧和負擔。因此，現在還年輕的你，了解如此的變化，須儘早理財規劃退休金，否則下流老人的生活肯定無法避免。

　　為何人口結構快速變化及老化會重創內需消費市場及經濟？根據美國消費族群分佈項目發現（表1-2-2），青壯年期的主要花費在成家立業上居多，中年期除了負擔孩子的教育學費外，就是提升家庭的生活水準，中老年後除了旅遊外，以健康護理支出為大宗。這些花費金額根據統計，最大消費支出金額的年齡約

表1-2-1　1960年至2065年青壯年和老人比

1960年	1965年	1970年	1975年	1980年	1985年
21	19.8	19.7	17.5	14.8	12.9
1990年	1995年	2000年	2005年	2010年	2015年
10.7	9	8.1	7.4	6.9	5.9
2020年	2025年	2030年	2035年	2040年	2045年
4.4	3.4	2.7	2.3	2.0	1.7
2050年	2055年	2060年	2065年		
1.5	1.4	1.3	1.2		

資料來源：內政部

48歲左右（表1-2-2），之後的消費支出就逐步下降。

　　假設台灣的消費趨勢也如同美國，（圖1-2-2）2026年45歲至50歲的人數佔比例最大，之後人數降低，可預期台灣消費景氣高點大約就落在2026年，之後內需消費市場將受高齡化的衝擊更明顯。但是近年來因為產業轉型不順，台灣景氣已經明顯受

表1-2-2　美國各年齡層主要消費支出項目	
20~43歲青壯年期	**43~54歲中年期**
25歲 買車 26歲 婚姻 28歲 生育 31歲 首購屋 33歲 養兒育女 41歲 換屋 42歲 日用品	46歲 家具輪胎 48歲 摩托車度假屋 51歲 大學學費 53歲 汽車 54歲 改善居家
55~85歲中老年期	**未來潛力消費市場**
55歲 瓷器餐具 58歲 壽險診療費 60歲 住院 旅遊 65歲 度假屋退休 70歲 郵輪 74歲 醫療負擔 77歲 處方簽 81歲 花園 84歲 療養院	健康市場 養老院 健康人壽 退休及財務規劃 住宅維修 便利商和藥局 藥品和維他命市場 市區連透天集合住宅 活躍退休社區市場 休旅車市場

資料來源：美國人口普查局及消費潮研究報告

到影響，內需市場涵蓋廣泛，現在三五步就一家的手搖店或是年輕人愛做夢的早餐店及咖啡館，在未來的高齡化社會，這些商家肯定無法生存，創業者需要三思而行。反之，具備高齡化利基的行業例如表 1-2-2 中所列之健康市場、養老院、健康人壽、退休及財務規劃、住宅維修、便利商和藥局、藥品和維他命市場等潛力產業將蓬勃發展。

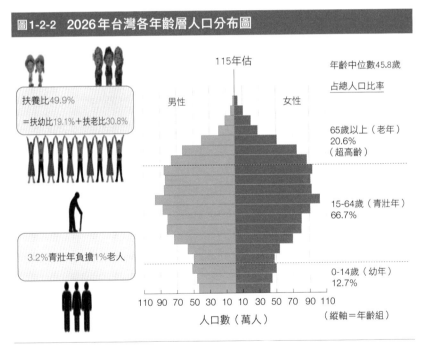

圖1-2-2　2026年台灣各年齡層人口分布圖

115年估

年齡中位數45.8歲

占總人口比率

男性　女性

扶養比49.9%
=扶幼比19.1%＋扶老比30.8%

65歲以上（老年）
20.6%
（超高齡）

15-64歲（青壯年）
66.7%

3.2%青壯年負擔1%老人

0-14歲（幼年）
12.7%

110 90 70 50 30 10　10 30 50 70 90 110
人口數（萬人）

（縱軸＝年齡組）

資料來源：內政部

　　健康照護相關產業肯定為未來的趨勢之一，主要原因不僅僅是高齡化市場的需求，更由於醫學的進步導致人類壽命的延長，圖1-2-3中所示，台灣經過50年後，人類的平均餘命增加超過35%，值與量同步擴大，一個龐大的潛景指日可待。因此，如果孩子沒有特別的學習興趣，家長不如建議朝向健康醫護專業發展和培養，學習一技之長，就不擔心未來的就業方向。此外，也建議成年人除了開始注重養身，也要加強醫學照護的基本專業，因為老年人口驟增，未來就醫環境肯定日趨惡化，小病就儘量自行照護，減少就醫的不便。也鼓勵大家活到老學到老，甚至創造事業的第二春或第三春，在精神上或經濟上都要獨立，不要讓晚輩增加負擔，就會有個快樂的老年。既然了解健康照護為全球的趨勢產業，當然也可以聰明投資相關的概念股或是基金，為自己的退休金做最佳的理財規劃。

　　老年人口驟增及平均壽命的延長，不僅內需市場受到嚴重衝擊，勞動就業市場也受影響，參考日本目前的狀況，已經將退休年齡延後，台灣未來亦會跟進。所以可預期，除了我們工作年限將延長外，年金給付也可能因為政府財政捉襟見肘而刪減預算。當然，「富人稅」也是彌補財政短缺的方法之一。因此，無論富人或窮人都將受「老人化」的超高齡社會影響，投資人都必須及早規劃。

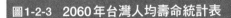

圖1-2-3 2060年台灣人均壽命統計表

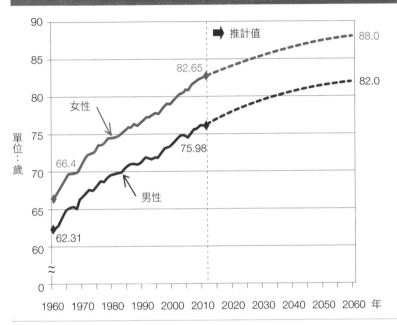

資料來源：1. 1960年至2011年為內政部「臺閩地區簡易生命表」。
　　　　　2. 2012年至2060年為本報告。

1-3
未來保險公司和銀行面臨的經營風險

　　過去台灣亦曾發生過銀行或保險公司的倒閉事件，例如著名的「十信事件」或是國華、國寶、幸福、朝陽這幾年連續出事，這些金融保險公司出事的主因大多是經營者的問題，才導致公司倒閉。雖然都由政府出手承接，然而，未來導致金融保險機構的經營風險，除了本身投資虧損造成，高齡化也將導致這些機構出現政府無法再接手的危機，投資人必須及早了解，適當的規劃，才能避開此風暴。

　　延伸前文台灣高齡化的嚴重性，將對台灣的內需市場造成巨大的衝擊，而內需市場和金融系統運作有正相關的連動，因此不難理解金融產業亦將面臨巨大的波動。簡單說，假設消費力快速下降，廠商的營運就會衰退，景氣緊縮當然也造成銀行借貸經營風險提高。除此之外，店面或營業土地需求下降，租金和房價也下跌，金融保險業許多的房地產抵押貸款業務或是本身的房地產

壽險公司8年倒4家政府賠千億

2018-06-19 00:15 聯合報本報　記者孫中英

　　台灣第一家破產的壽險公司是國光人壽，時間早在1970年，多數人應已無印象。但自2009年起，金管會陸續接管國華、國寶、幸福、朝陽等4家問題壽險公司，讓人記憶深刻。最後一家被接管的朝陽人壽，去年完成標售，全數資產負債及營業概括讓與給南山人壽。

　　2009到2017年，金管會花了8年接管並處理完4家問題壽險公司，若與加拿大、美國分別耗時16年、22年才讓問題壽險公司順利退場相比，台灣處理時程順暢許多。但在8年內處理這4家公司耗費龐大成本，光國華人壽就讓政府賠付883.68億元，4家總共賠付達1188.68億元。

　　只要有銀行、保險業出狀況，最吃力不討好的就是監理機關，就算讓問題公司退場也是有功無賞。保險公司會「出問題」，幾乎都是人謀不臧；以金管會曾接管的問題保險公司來看，有經營者蓄意掏空資產，或在海外從事不法勾當，甚至有保險公司資產項下還列出「大體」，讓人匪夷所思，問題是，政府為何要花公帑來救這些公司？

　　有人會說，目前國內除了一家公股壽險公司之外，近期並無問題壽險公司，何苦杞人憂天，但自2000年政府壓低利率開始，壽險業之前銷售的長年期高利率保單，始終有利

差損隱患，若不早日面對，壽險業六年後接軌IFRS17（財務報告準則第17號保險合約）時，恐面臨破兆元的責任準備金增提壓力。

此外，保險業資產負債始終不對稱，過去10年歐美寬鬆貨幣政策帶來的資金盛宴即將結束，壽險業龐大的投資部位會否只剩下一堆資產泡沫。金管會官員說，晚上想到這些事，他都睡不著覺；壽險公司的董總們，你們睡得著覺嗎？

投資，皆會造成巨大的虧損。除了營收面或資產面的減損外，老人人數的快速成長，可預期老人的健康保險給付勢必驟增，保險公司必須賣出投資資產來給付保險，如此雪上加霜，投資人務必提高警覺。

事實上，日本在1997年至2001年金融風暴期間有超過8家保險公司倒閉，主要原因除了經營不善，累積銷售太多高預定利率個人年金保單也是主因。面臨高齡化的日本政府已經著手修改法規，避免金融保險公司因為高齡化的風險而被拖累，除了加強監管外，也允許萬一保險公司經營不善，不需要100%的理賠，而被接手管理者有權利調整原保單的保險條件，台灣未來應該也會逐步跟進，投資人必須認清，屆時保險就不再是「保險」了。

既然預期的風險可能發生，投資人首先就要明確的定義「保險」的功能，讓保險回歸保險的本質，儲蓄型保單、投資型保單

及類全委投資型保單等，在預算範圍內非必要的組合盡量的減少，避免一旦保險公司出現經營不善而倒閉，可能血本無歸的風險。其次，設定保險金額預算，作者建議全年繳付的保費總額，不要超過個人一個月的薪資所得，甚至越年輕的民眾可再降低其保費總額，保險內容以基本保障為主。同時加強理財專業，萬一保險費血本無歸，至少仍具有理財投資的一技之長，一定要自立自強，理財絕對不可依靠他人，因為當經濟環境越動盪時，騙子會出現越多。

　　最後，要密切注意自己承保公司的經營狀況，就保險或金融公司的經營觀察，除了了解財報外，還必須注意「資本適足率」的變化，根據保險業資本適足性管理辦法所稱之風險資本，指依照保險業實際經營所承受之風險程度，計算而得之資本總額；其範圍包括下列風險項目：

1. 人身保險業：
   (a) 資產風險。
   (b) 保險風險。
   (c) 利率風險。
   (d) 其他風險。
2. 財產保險業：
   (a) 資產風險。
   (b) 信用風險。

(c) 核保風險。

(d) 資產負債配置風險。

(e) 其他風險。

保險業資本適足率依下列公式計算：

資本適足率＝（自有資本／風險資本）×100%

第2條自有資本及第3條風險資本之計算，應依主管機關規定法規中之保險業計算自有資本及風險資本之範圍及計算公式之相關報表及填報手冊辦理。

保險業資本適足率等級之劃分如下：

1. 資本適足：指保險業資本適足率達本法第143之4第1項規定之200%。
2. 資本不足：指保險業資本適足率在150%以上，未達200%。
3. 資本顯著不足：指保險業資本適足率在50%以上，未達150%。
4. 資本嚴重不足：指依本法第143之4第3項規定，保險業資本適足率低於50%或保險業淨值低於0。

保險業資本適足性管理辦法第6條亦規定保險業應依下列規定向主管機關申報資本適足率之相關資訊：

1. 於每營業年度終了後3個月內，申報經會計師查核之資本適足率，含計算表格及相關資料。
2. 於每半營業年度終了後2個月內，申報經會計師核閱之資本適足率，含計算表格及相關資料。

　　主管機關於必要時並得令保險業隨時填報，並檢附相關資料。第1項規定對於經主管機關依法接管之保險業，不適用之。

　　除了保險公司的經營風險外，萬一內需市場受到高齡化效應嚴重衝擊，金融體系肯定也會受到波及，還好根據存款保險法規，銀行必須為客戶提供基本保障，內容參考下頁連結網址，存款保險係由吸收存款金融機構（以下簡稱要保機構）向中央存款保險股份有限公司（以下簡稱中央存保公司）投保並繳付保險費的一種政策性保險，存款人不需繳付任何保險費。若要保機構經其主管機關勒令停業，中央存保公司將在最高保額新臺幣300萬元內，依法賠付存款人，以保障存款人權益並維護金融安定。

　　既然我們知道未來可能面臨如此的風險，投資人只能選擇坐以待斃嗎？當然不行！聰明運用理財的專業，不僅可以保護自己的資產也可能因此而獲利喔！例如，將保險規劃或是銀行存款分散投資及存放，避免將雞蛋放在同一個籃子，就可以避免損失。此外，定期觀察保險公司及銀行的財報變化及資本適足率，一旦發現數字出現危機，可以考慮反手做空，為自己的資產避險，實務操作方法請參考下一章節。

查詢網址補充

保險公開資訊觀測站
http://ins-info.ib.gov.tw/customer/Info4-18.aspx?UID＝03110001

銀行資本適足率及資本等及管理辦法
http://www.rootlaw.com.tw/LawArticle.aspx?LawID＝
A040390040003000-1030109

金融監督管理委員會

本國銀行自有資本與風險性資產之比率
https://www.banking.gov.tw/ch/home.jsp?id＝157&parentpath＝
0,4&mcustomize＝bstatistics_view.jsp&serno＝201105120015

各銀行呆帳揭露網址
https://www.banking.gov.tw/ch/home.jsp?id＝59&parentpath＝0,4

中央存款保險公司

存款保險相關資訊
https://www.cdic.gov.tw/main_deposit/faq.aspx?uid＝59&pid＝59

1-4

高齡化後台灣房地產投資趨勢

　　台灣高齡化速度全球排名前列，主要原因當然是人口出生率大幅下降，才會推高老人的比例，然而，造成人口出生率如此大的改變，高漲的房地產就是主因之一，年輕人在薪水凍漲的環境下，為了負擔高額的房貸，根本不敢多生。同時物價通膨，養育兒女成本大增，加上就業市場的不穩定性，這樣的結果不難想像。根據行政院內政部的統計，至2060年台灣人口可能僅剩下1800萬人，就目前房地產供給過剩的情況下，屆時可能到處都是荒廢的老屋，這樣的情況已經發生在日本的鄉鎮，台灣中南部地區也在進行中。

　　1980年代台灣房地產黃金大多頭時期，主要原因是經濟成長和人口增加，根據IMF統計國民所得超過8000美元後，房地產就不再是火車頭工業，價格也會回歸正常需求。事實上，台灣在1990年代時確實有一段房地產的黑暗期，直到政府開始擴張貨幣政策及獎勵投資等措施，才幫助台灣房地產走出谷底。而

2008年金融風暴後，全球央行救市持續性的寬鬆擴張，更是讓房地產出現飆漲，直到台灣陸續出台打房政策，房價才從2014年左右的高檔下滑。但房地產市場的噩夢仍未結束，2025年即將來臨「超高齡」社會，可能才是讓房地產市場隨著出生人口一樣的「好景不再」了。事實上，房地產類股股價早已經呈現長空趨勢，而且繼承和贈與的戶數開始明顯增長，2018年第一季繼承和贈予轉移分別為13,176件和13,321件，比2017年同期增加5.5%及1.8%，搭配少子化趨勢，未來需求勢必降低，投資人必須小心避開為上策。

根據（表1-4-1）1980至2017年台灣居住統計，自有住宅率已經達到84.83%，人均居住面積達到14.67坪，家庭居住面積為45坪，每戶居住人均數為3.07人，這樣的數字應該會在超高齡化來臨時，開始反轉。不僅如此，單身、不婚、離婚比例上升，會讓每戶居住空間需求降低，甚至未來應該將以二房或套房為主力商品，因為長者體力較差，不需要太大的居住空間。事實上，前幾年房地產景氣熱絡時，建商推出大量的豪宅，但完工後卻大多銷售不佳，反而小坪數低總價的商品較受到歡迎。

由以上的推估，房地產未來將不再是適合保值的投資商品，因此藉由房地產抗通膨的神話，將重新改寫。基本上，現在的房地產也只是有錢人的收藏品，他們可以承受房價下跌或是空租的損失。對於一般投資人最好選擇流動性及變現性方便的理財商品，例如股票或是基金，才是比較好的抗通膨理財投資方式。

表1-4-1　1980至2017年台灣居住統計

年	平均每戶居住坪數（坪）	平均每人居住坪數（坪）	住宅權屬分配（％）-自有	每戶平均人數
1980	26.4	5.44	73.52	4.85
1985	30.1	6.56	77.34	4.59
1990	33.9	8.1	80.47	4.19
1995	37.2	9.43	83.56	3.94
2000	40.4	11.17	85.35	3.62
2005	42.2	12.34	87.33	3.42
2010	43.1	13.25	84.89	3.25
2015	44	14.19	84.23	3.1
2016	44.3	14.44	85.36	3.07
2017	45	14.67	84.83	3.07

資料來源：內政部

　　房地產未來會回歸到「自住」的實質需求，以目前過剩的供給需要消化的時間無法估計，自住型投資人千萬別輕易出手，最佳的買入時間為金融風暴來臨時半年內。根據作者自身的經驗，就是在2009年第1季買入低於市價7折的新完工房子，不到2年就翻漲1倍。記得，任何投資都不要急，只要在最甜蜜點進場，大多穩賺。不過未來老人化的社會，房地產只能當成消耗財，即便買入為理財工具，其收益也可能比定存好一點，若買在高點，還得承受資本的損失，投資人必須小心謹慎投資進出場點。

房地產指數相關報告可參考網站：http://www.cathay-red.com.tw/about_house.asp

　　無論自用或投資目的的房地產商品，除了進場時機外，還是一句老話，請注意「Location、Location、Location」，個人建議，以每個城鎮的市政府為中心點，十分鐘車程範圍為首選區域，靠近醫學中心附近的附電梯二手屋亦是不錯的選擇。千萬別選新的造鎮區、重劃區或是田園鄉間，因為人口減少是趨勢，高齡化後醫療照護為主要的生活重心，居住在醫院附近或交通便捷的城市，也方便家人照顧與探視。

　　退休後，隨著年齡的老化，根據不同的健康狀況和年齡群可以選擇合適自己的住家環境，我們屬於教育普及的一代，未來比較傾向獨立居住，避免打擾年輕家庭。因此不妨可以與好友們約定，未來一起居住生活，也可以學習歐美國家，將住家便宜分租給年輕大學生互相照顧。不過通常85歲以後，即便健康也需要照護人員陪伴，所以根據前文消費統計，美國老人在84歲時候，主要是花費在「養老院」。當然，這花費就是得靠自己年輕理財所得給付，否則就可能像現在的日本，許多獨居老人在家中孤獨死亡。

　　關於養老院的花費，目前大約需要2萬至6萬，未來當然會倍增。依據養老院的等級有所差距，品質當然跟價格是正相關，這就是人生的現實面，老年的尊嚴是建立在「財富自由」的基礎上。關於老年住宅設計，政府已經有相關的法規，例如「老人住

宅基本設施及設備規劃設計規範」，對於老人容易出現意外的場地「浴室及廁所」都有嚴格的規定：比如浴室及廁所以每一居住單元設置一處為原則，其寬度及深度均不得小於1.8公尺，但廁所及洗手臺使用部分與沐浴使用之部份以固定隔間或防水拉門分隔，能確保廁所及洗手臺地坪維持乾燥者，廁所及洗手臺使用部分之長度及寬度淨尺寸分別不小於1.6公尺及1.5公尺，其配置應使老人方便到達及考慮老人與輪椅使用者之容易使用。居住單元未設浴廁者，與其最近之浴廁距離不得大於10公尺。浴廁出入口高低差應為2公分以下，門扇應採外開式推門或橫拉門，並可由外面拆卸以利緊急救援，浴廁及臥室應設置呼救系統，並得考慮設計防震、防火構造，以作為就地避難場所。

　　其他相關建築規定可以參考以下的網站，提供給養老院需求者的評估。

相關網站連結：

老人住宅基本設施及設備規劃設計規範

https://www.cpami.gov.tw/最新訊息/詳細資料/815-老人住宅基本設施及設備規劃設計規範.html

建築技術規則-老人住宅

http://eportfolio.lib.ksu.edu.tw/~4980Y019/wiki/index.php/建築技術規則-老人住宅

1-5
老年長照費用知多少

　　人出生許多條件本來就不公平，例如家庭背景、聰明才智或是外貌優劣，但唯一公平的地方就是「有限的生命」。每個人都會經歷「生、老、病、死」，根據衛福部的資料，依據國人的平均壽命和疾病型態等變數推估，國人一生中的長期照護需求時段約為7.3年，花費約300萬元。然而，少子化將造成未來相關費用成本倍增。以目前的照顧方式，區分為居家照顧及機構照護，採居家照顧若聘請外勞每個月需要2~3萬，國內照顧者則需要6萬左右。機構照顧依據不同單位花費約2~6萬。這些僅是單純的照護費用而已，並不包含其他住院醫療費、營養費或是醫療輔具費用等等，醫療進步而使人類壽命延長，卻也讓人們對老年生活的花費更難估算。這樣的情況不僅造成病人自身財務的困難，也可能導致下一代無法承受的負擔。因此近年來坊間開始銷售「長照險」、「失能險」及「殘扶險」等保險商品。

　　但這類的商品的主要問題除了前文所提及，因為少子化及高

齡化所導致保險公司本身的經營風險外，該保險商品的給付條件
也是相當嚴格，例如長照險必須符合以下的條件：

1.「生理功能障礙」指專科醫師採巴氏量表經醫師診斷，或其他
　臨床專業評量表，診斷符合下列三項（含）以上：
　(a) 進食：須別人協助取用食物或穿脫進食輔具。
　(b) 移位：須別人協助才能由床移位到椅子或輪椅。
　(c) 如廁：須別人協助才能保持平衡、整理衣物或使用衛生紙。
　(d) 沐浴：須別人協助才能完成盆浴或淋浴。
　(e) 平地行動：須別人協助才能操作輪椅或電動輪椅。
　(f) 更衣：須別人協助才能完成穿脫衣褲鞋襪，包含義肢、支
　　　架。
2.「認知功能障礙」指專科醫師診斷符合失智狀態，依臨床失智
　量表或簡易智能測驗在意識清醒時，符合下列兩項（含）之條
　件：
　(a) 時間：經常無法分辨季節、月份、早晚時間等。
　(b) 場所：經常無法分辨自己的住所或現在所在之場所。
　(c) 人物：經常無法分辨親近的家人或平常在一起的人。

　　但根據作者這幾年的長照經驗，許多老人還不到這樣規定的
過程當中，就需要旁人在旁協助，其中還包括就診或外出，家裡
若有一位老人生病，至少需要2至3位家屬幫忙。因此，怕到時

繳了高額的保費卻無法享用到相對的福利。

　　政府近年來推廣長照服務反而是不錯的方法，確實讓照護者有喘息的空間，可撥打「長期照護服務專線1966」，或至各縣市長期照顧管理中心，諮詢所需的長期照護資訊。服務內容包含：居家護理、社區及居家復健、喘息服務、照顧服務、輔具購買、租借及居家無障礙環境改善服務、老人營養餐飲服務、長期照顧機構服務、交通接送服務及長期照護。

　　各類服務中，居家照顧包括了身體照顧服務：協助沐浴、穿換衣服、進食、服藥、口腔清潔、如廁、翻身、拍背、肢體關節活動、上下床、陪同散步、運動、協助使用日常生活輔助器具、其他服務；家務及日常生活照顧服務：換洗衣物之洗濯與修補、病人生活起居空間之居家環境清潔、家務及文書服務、陪同或代購生活必需用品、陪同就醫或聯絡醫療機關（構）、其他相關之居家服務。根據作者本身使用經驗，照服人員的素質及服務態度都相當專業，價格也非常的優惠，同時對低收入戶甚至是免費使用。

　　若決定由機構法人代為照養，衛福部的網站也提供了「老人長期照顧暨安養機構合格名單」包括安養機構、養護機構、長期照顧型機構、失智照顧型機構等機構彙總表。中央主管機關每三年會舉辦一次機構評鑑，安養機構連結網站如下：http://www.sfaa.gov.tw/SFAA/Pages/List.aspx?nodeid＝462。

　　一般護理之家評鑑合格名單，相比於上述老人長期照顧暨安

養機構有收容年齡（60或65歲以上），一般護理之家沒有收容年齡限制，主要收容有護理需求的民眾；一般護理之家中評鑑合格的名單網址連結如下：https://dep.mohw.gov.tw/DONAHC/cp-1027-39865-104.html。

成人健康檢查內容：

1. 基本資料：問卷（疾病史、家族史、服藥史、健康行為、憂鬱檢測等）
2. 身體檢查：一般理學檢查、身高、體重、血壓、身體質量指數（BMI）、腰圍
3. 實驗室檢查：
   (a) 尿液檢查：蛋白質
   (b) 腎絲球過濾率（eGFR）計算
   (c) 血液生化檢查：GOT、GPT、肌酸酐、血糖、血脂（總膽固醇、三酸甘油酯、高密度脂蛋白膽固醇、低密度脂蛋白膽固醇計算）。
   (d) B型肝炎表面抗原（HBsAg）及C型肝炎抗體（anti-HCV）：民國55年或以後出生且滿45歲，可搭配成人預防保健服務終身接受1次檢查。
4. 健康諮詢：戒菸、節酒、戒檳榔、規律運動、維持正常體重、健康飲食、事故傷害預防、口腔保健

　　事實上，減少未來長照費用支出最簡單的方法是從年輕時候就要好好愛惜身體，包括均衡飲食、正常作息和規律的運動。政府為維護中老年人健康，早期發現慢性病、早期介入及治療，衛生署也提供40歲以上未滿65歲民眾每3年1次、55歲以上原住民、罹患小兒麻痺且年在35歲以上者、65歲以上民眾每年1次成人健康檢查。服務內容包括身體檢查、血液生化檢查、腎功能檢查及健康諮詢等項目，民眾可善加利用。

　　除了善用以上的社會福利外，年輕的時候就必須積極參加公益或社交活動，培養未來老年友誼圈，朋友之間的相互照顧，也可以減低晚輩的負擔。

1-6

樂活退休金的預備

　　年金改革成了近年來熱門討論的議題，其前因後果就不在此章節多討論，不過主要原因還是因為老人化和少子化導致未來年金給付增加但年輕人無力負擔。其實不僅是年金面臨破產問題，勞退基金或健保基金都會有相同的危機，投資人也不需要再浪費時間去討論這些問題，因為靠人不如靠己，趁年輕時好好理財投資，就不需要多擔心了。

　　究竟需要多少時間準備退休金？老年生活又需要多少的花費？根據調查至少八成的國民尚未完成足夠的退休金規劃，而以106年的統計資料顯示（表1-6-1），每月所需要的平均花費大約22,032元，相較於20年前民國86年平均值為13,769元增加60%。假設我們準備20年後退休，考量通膨率大約3%，可能需要35,000元左右，因此退休後約20年的生活費就必須有近千萬的資產才足夠養老。

　　這樣的預估的金額跟實際調查需求吻合，表1-6-2須準備

表1-6-1 台灣平均每月消費金額			單位：新台幣	
年別	總平均	臺北市	臺中市	高雄市
86	13,769	19,375	15,427	15,254
87	14,287	20,963	15,789	15,499
88	15,043	21,629	16,846	16,357
89	15,256	22,147	15,620	15,931
90	15,314	22,189	17,319	16,187
91	15,357	22,995	16,159	15,171
92	15,731	22,603	17,388	16,185
93	16,492	23,961	18,012	16,786
94	17,083	24,802	17,856	17,846
95	17,425	23,586	19,466	18,319
96	17,655	24,263	19,699	18,848
97	17,548	24,357	18,807	18,450
98	17,607	24,656	18,527	18,835
99	18,007	25,508	19,627	19,634
100	18,465	25,321	17,544	18,100
101	18,774	25,279	18,295	18,367
102	19,416	26,672	19,805	19,081
103	19,978	27,004	20,801	19,735
104	20,421	27,216	20,821	21,191
105	21,086	28,476	21,798	20,665
106	22,032	29,245	23,125	21,597

資料來源：行政院主計總處家庭收支調查

表1-6-2	退休金額調查					單位：萬元	
<1000	1000 至 1500	1500 至 2000	2000 至 2500	2500 至 3000	3000 至 4000	>4000	不知
31%	29.3%	14%	7%	6.7%	2.9%	4.3%	4.9%

資料來源：摩根資產管理

1500萬以下的族群佔60%，然而這樣的數字，在連續多年低薪的台灣，若以月均收三萬元計算，至少需要近30年不吃不喝才能湊齊這退休金，怕存不到多少就結束生命了。而且，這1000萬的退休金中，還不包括萬一生病時，所需要的醫療費或長照費用。因此，除了不賣肝賣腎來湊齊這些錢外，是否有更好的方法來準備「退休金」呢？答案當然是靠理財來創造穩定的現金流。

　　運用理財投資來完成退休金計劃有許多方法，第一不吃不喝30年存到1000萬，然後分配在未來的20年使用，方法二是創造每月35000元的現金流，一年需要42萬，相較之下後者數字就小很多，感覺比較容易達到。如何達到一年42萬元的現金流呢？假設持有1000萬資產，每年5%的報酬率，這樣就可以有50萬的收入，若只有500萬呢？就必須創造出10%的報酬率，當然若只有250萬就必須達到20%的年化報酬率，250萬的退休金準備對小資族而言就是比較容易達成的目標了。

　　因此綜合以上的分析，年輕的我們要更早開始學習理財，努

力提高勝率，就不需要擔心未來的退休金缺口，根據實務操作經驗，假設利用周線技術指標的高低檔背離進出交易，平均的年化報酬率至少可達10%，搭配存股的策略，資本利得加上股息分配，年化報酬率甚至可達20%。假設投資技術與日俱增，也可以選擇高槓桿倍數的金融商品，如此一來更不需要擔心退休金的缺口。這些的方法並非空談，作者的雙親退休了20年就是靠類似的方法，創造現金流，完全沒有消耗本金，安享晚年。

1-7
未來全球多元化投資趨勢

　　從以上章節的分析清楚地瞭解，台灣未來因為少子化、高齡化、產業轉型失策，最終都可能影響台灣內需的市場，事實上，日本現在也面臨同樣的問題。換言之，內需市場的衰退將直接衝擊以中小企業立國的台灣，未來將有許多的企業消失。如此一來，台灣資本市場的投資吸引力將下滑，投資報酬率必然下降，特別對於愛好「存股」的退休族群將是一大隱憂。正因如此，建議存股族調整策略，轉換至經濟成長穩定的已開發國家的龍頭股，或是高經濟成長開發中國家的基金，並掌握主流趨勢，彈性調整持股。別懷疑，未來的世界，投資理財絕對是維生的工具之一，因為人類壽命延長，養老準備金勢必增加，必須運用理財工具創造源源不斷的現金流，才能安然度過餘生，避免造成下一代的負擔。因此從年輕時代就必須養成國際化的投資眼光，國外企業的平均餘命遠高於台灣本土企業，而且由於網路科技的普及，海外的投資手續相當便利，也不再是有錢人的專利，一般上班族

也可以輕易地藉由網路小額或定額買入美國龍頭的公司。海外個股的選擇、評估和交易方法和台股交易異曲同工，除了可以透過國內券商委託買賣外，也可以經由海外網路券商提供的中文的交易介面下單（https://www.firstrade.com/content/zh-tw/welcome），但是要特別提醒投資人選擇美國監管合法的海外網路券商，萬一券商出問題還能得到基本的法律保障。

因為美國是全球經濟和科技的領導者之一，因此海外投資大都以美股為主，保守型的投資人可以選擇道瓊30成份股，積極的投資人可以參考科技龍頭股，想分散個別風險則不妨考慮ETF。標的的篩選和台股類似，因為選擇標的皆為龍頭股，就可以省略財報面和籌碼面的分析，直接以技術分析進出場，請參考第二章節內的技術分析買賣轉折點交易，無論是個股或是ETF，中長期投資者可以選擇週線低檔「轉折背離」訊號買進，當週線

圖1-7-1　道瓊30成份股

道瓊30成份股								2018-11-10
時間	代碼	名稱	成交價	漲跌	漲%	開盤	最高	最低	成交股數
08:45	BA	波音公司	369.34	-1.43	-0.39	367.83	371.00	366.12	2,590,303
08:55	C	花旗集團	65.76	-2.02	-2.98	67.20	67.49	65.18	27,125,720
04:08	DD	杜邦公司	83.93	0.74	0.89	83.54	85.16	83.31	22,455,828
08:59	GE	通用電汽公司	8.58	-0.52	-5.71	8.79	8.96	8.15	273,542,240
08:56	GM	通用汽車	35.70	-0.87	-2.38	36.12	36.44	35.35	9,037,534
08:55	JNJ	嬌生公司	145.34	0.04	0.03	145.04	145.74	144.38	5,343,206
08:51	KO	可口可樂	49.68	0.35	0.71	49.39	49.89	49.36	12,398,306
08:37	PG	寶鹼公司	92.41	1.05	1.15	91.35	92.67	91.17	10,713,622

資料來源：https://www.cnyes.com/USASTOCK/index.htm

圖1-7-2　美科技龍頭股

時間	名稱	成交	漲跌	漲%
08:59	蘋果	204.47	-4.02	-1.93
08:56	AT&T	30.69	-0.35	-1.13
08:50	微軟	109.57	-2.18	-1.95
08:37	甲骨文	50.61	0.18	0.36
08:59	谷歌	1066.15	-16.25	-1.50
08:59	英特爾	48.11	-0.88	-1.80
08:59	臉書	144.96	-2.91	-1.97
08:59	超微	21.03	-0.17	-0.80
08:59	美光	39.11	-1.33	-3.29

資料來源：https://www.cnyes.com/USASTOCK/index.htm

圖1-7-3　美股ETF漲幅排行

時間	代碼	名稱	最新價	漲跌	漲%	開盤	最高	最低	成交股數
08:56	UGAZ	VelocityShares 3x Long Natural Gas ETN	121.92	14.28	13.27	117.61	131.11	117.49	1,352,082
06:59	LABD	Direxion Daily S&P Biotech Bear 3X Shares ETF	35.46	3.74	11.79	32.70	36.06	32.49	2,566,448
05:21	BOIL	ProShares Ultra DJ-UBS Natural Gas ETF	42.89	3.35	8.47	41.86	45.20	41.86	274,795
09:00	YANG	Direxion Daily China 3X Bear Shares	66.46	5.08	8.28	65.96	67.94	65.64	512,367
05:00	ZBIO	ProShares UltraPro Short NASDAQ Biotechnology ETF	17.29	1.09	6.73	16.81	17.59	16.76	17,111

資料來源：https://www.cnyes.com/USASTOCK/index.htm

出現高檔「轉折背離」賣出，這樣的紀律操作年化10%並不困難，養老金輕鬆入袋。

　　除了穩定保守的投資收益標的外，也要掌握趨勢類股，人工智慧無疑為有生之年不變的趨勢，因此這類投資在理財標的組合中絕對不可缺席，國內發行相關基金如下：華南永昌全球新零售基金、國泰納斯達克全球人工智慧及機器人ETF、第一金全球AI精準醫療基金、中國信託智慧城市建設基金合庫AI電動車及車聯網創新基金、元大全球人工智慧指數ETF、新光全球AI新創產業基金、德信TAROBO機器人量化中國基金。

　　而海外發行掛牌例如ETFMG卓越移動支付ETF（IPAY.K）、First Trust雲端運算ETF（SKYY.O）、ARK WEB X.0物聯網主動型ETF（ARKW.K）、First Trust納斯達克人工智慧與機器人ETF（ROBT.O）、iShares高盛網通指數（IGN）、BlueStar以色列科技ETF（ITEQ.K）、First Trust DJ Internet指　數ETF（FDN）、First Trust納斯達克CEA網路安全ETF（CIBR.O）、ETFMG卓越網路安全ETF（HACK.K）、威力股動態網路（PXQ）。

　　作者建議這類型基金以海外標的為優先選擇，因為歐美日先進國家的人工智慧研究肯定是主導者，台灣的投資人可以趁台幣升值的時候轉換匯出美元資產，等待買點交易海外相關ETF。

　　除了投資國際化外，未來的理財方式絕對不像以往低檔傻傻買進持有，由於全球政府許多錯誤的政策及高齡化，甚至氣候變遷和環境污染等因素，將導致投資市場不安定性加劇。因此投資

人不僅要懂得「做多」也要學習「做空」，做空除了具有避險的功能外，也可以提高投資的收益，其方式在第五章將深入討論，工具包括認售權證、反向ETF、VIX、融券等方法，進出場則是依據技術分析專業。

　　其實，不得不承認我們將是擁有最「不確定性」的老年世代，可能面臨許多社福基金的倒閉或是國家的高負債，對於下流老人的族群，生活將更艱難，但是如果從現在開始提早做好準備，專業理財才是生存的王道。相信我們會是一群幸福的「上流老人」，一起為將來努力吧！

第二章

掌握多空轉折財富倍增

　　倘若時光倒轉到2000年和2008年的台股萬點位置（圖2-1）「相同的訊號」來提醒投資人，指數即將大跌？這樣投資人就可賣出持股，甚至轉手做空，多空皆賺，皆大歡喜？雖然在真實的投資世界中，八成的投資人大都高檔陣亡，只有二成的贏家看懂這些訊號，及時脫身，持盈保泰。然而這些的「贏家密碼」真的如此深奧嗎？還是投資人的疏忽或不用功的結果呢？其實兩者皆有，轉折訊號顯而易見，然而台灣大部分的散戶皆抱著賭徒的心態，很少人願意去學習這些投資的相關專業，很多人聽明牌買股票，對自己買入的標的只瞭解「標的代號」、「標的名稱」和股價而已，對於標的公司本身的財報或營運情況毫不知情，這就如同一個外科醫生完全沒有學過大體解剖，就上台幫病人開刀，這樣的專業真的會讓病人「死不瞑目」啊！投資理財若也是如此的態度，賠錢只是「應該的」！記得，任何的行業想要有突出的表現或是持續水準上的績效，「專業」是最基礎的要求。

　　因此，回顧當年2000年及2008年金融風暴來臨前，經濟指標確實出現了「明顯訊號」，例如台幣急貶、外資大賣，不僅如此，技術指標也出現了轉折訊號，甚至跌破短中長期的均線支撐，產業的財報營收也是持續轉弱，這些的公開資訊都是舉手可得，只要懂得專業分析解讀，自然可以避開這些「金融風暴」。

　　本章節分為經濟政策與指標、技術分析指標及公司財報研究綜合討論三個部分，研究當多空轉折來臨時，相關訊號的出現及因應的政策反應，讓投資人明白地區分多空趨勢而採取順勢的投

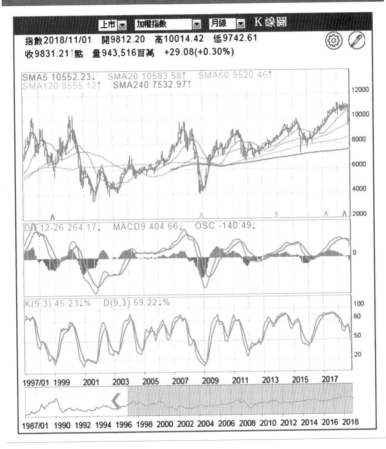

圖2-1　台灣股市走勢

資料來源：https://www.cnyes.com

資模式，趨吉避凶永保安康。

　　假設我們把整體經濟情況當成是病人的身體狀況，而經濟指

標就是病人的健康指數，經濟政策包括財政政策及貨幣政策，就是醫生治療病人的方法。而技術分析指標就如同病人的生命徵兆（呼吸、脈搏和心跳），直接提醒投資人趨勢轉折警報，至於公司的財報研究就如同人體內的不同器官功能的檢驗，當主要產業公司的營收出現持續衰退，就暗示景氣可能確定轉折。因此，無論經濟處於多或空的階段，經濟數據、技術分析指標及財報資料皆為一致性同方向的表現。通常技術指標走勢優先於經濟數據及財報指標的反應，但是例如 1997、2000 及 2008 金融風暴的多空真正的轉折，卻必須有經濟指標來確定「生死」，本章節將解釋如何運用的經濟數據、經濟政策、技術分析指標及財報資料，掌握多空轉折的起漲（起跌）點。

2-1

總體經濟政策及指標多空轉折運用

　　如前言所提，經濟政策如同當醫生觀察到病人的健康指標出現問題所研擬的治療方法，目的是幫助病人康復或是維持和控制病情發展。而當經濟出現問題時，國家能採取的治療政策可以區分為財政政策及貨幣政策，但是這些措施對於經濟刺激或是壓抑，大多無法直接立即的反應，通常具有時間的遞延性，大部份的反應時間大約三個月左右，甚至更長，根據其內容及影響範圍而定。例如台灣2011年6月起持續二年實施的「奢侈稅」，雙北的房價仍繼續上漲到2014年後才逐漸下跌（圖2-1-1）。2016年1月又實施「房地合一稅」，對於未持滿一年售出的房地產課徵高達45%的稅賦，如此嚴厲的財政緊縮的政策，導致2015年房價明顯轉折向下。同時，台股建材營造類指數（圖2-1-2）於「奢侈稅」開始實施時就無法突破前高，甚至在「房地合一稅」開徵前跌破長期支撐，均線呈空頭排列，營建公司個股的股價也是綠油油一片，慘不忍睹。由此範例即可明確瞭解經濟政策確實

圖2-1-1　雙北市房價指數

信義房價指數歷年走勢圖：台北市、新北市

—— 台北市　　—— 新北市

資料來源：http://www.sinyi.com.tw/knowledge/HPI_season.php/6180/2

左右著經濟發展的方向，根據內容及實施的時間長短，具有不同程度的效力，投資人若能掌握此脈動，就可以賺飽飽「機會財」。作者本人就是在2014年第三季賣出台中的房地產投資，轉至當時日幣貶值且房價剛起漲點的東京房地產，逢高倍數停利先前的投資，轉換至租金報酬率較高的東京地產。

　　經濟政策可區分為財政政策及貨幣政策，政府主控財政政策，貨幣政策由央行決議，然而自從2008年後擴大寬鬆，全世界的政府都像吃了迷幻藥上癮症，不僅過度的寬鬆，同時主政者也開始試圖干預央行貨幣政策的「中立性」。這些過度寬鬆的

圖2-1-2　台股建材營造類指數

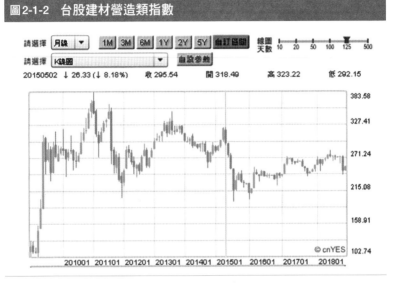

資料來源：https://chart2.cnyes.com/test2.html?markettype=global!code=TW,IXTAV,!
compare=false

政策其後果就是造成市場資金氾濫，房地產及股市飆漲，通貨膨脹，政府缺乏中立性的態度，更導致資源分配不均，貧富差距日漸擴大，綜合以上的「副作用」，也導致近年來各國治安不穩，物價狂漲的壓力下，長期更影響人口出生率，未來的國家發展將面臨不可控制的情況。

　　基本上，政府運用財政及貨幣的寬鬆或緊縮政策來刺激低迷或是壓抑過熱的景氣，其主要目標是控制穩定的經濟成長，讓老百姓均富並且社會安定。財政寬鬆政策包括擴大政府支出；如進

行公共建設、降低稅率、提高補助或擴充部門預算、產業及就業機會。相反地，財政緊縮政策則是縮減支出及公共建設、降低部門預算、提高稅率或是對產業提高生產成本等。例如2008年發放3600元消費券及這一兩年的調高基本工資或所得稅的減免，就是財政擴張的政策。2011年奢侈稅、房地合一稅就是財政緊縮的相關措施。然而，某些政策可能是一刀兩刃，例如一例一休或調高基本工資，是希望能夠提高國民的薪資所得，而推動經濟成長或是降低通膨的衝擊。然而，這樣的措施相對地提高產業經營的成本，這幾年台灣產業面對大陸崛起備受壓力，多數無法轉型成功為高毛利的公司，因此貿然的推動這些政策，治標不治本，最後造成無法負擔的增加成本，許多公司調高售價因應或是結束營業，進而影響國人的就業率，這些現象可能是不可逆的結果了。例如2018年中開始無薪假的增加，和全球企業裁員趨勢。

　　比較積極的財政政策，應該是把國家的擴張支出運用在提升國民基礎競爭力，還有目前最急迫的「人口危機」，甚至即將面臨的「高齡化」長照計畫。例如，提高生育及教育補助、中年轉業或企業轉型輔導，老人活動及安養中心的普設才是首要之事。然而，許多政客仍執著在「土地炒作」相關的財政擴張，著實讓人擔憂。

　　貨幣政策則是由央行主導，運用的方法包括公開市場操作、重貼現政策及準備率政策。例如央行在金融市場上公開操作買賣債券或票券，以調節基礎貨幣的數量（表2-1-1）。重貼現政策

表2-1-1　財政政策及貨幣政策的定義、目標及方法

政策	財政政策	貨幣政策
定義	利用調控稅收政策、財政支出政策、預算政策達到實現國家經濟穩定及增長。	主要由國家央行執行計畫控制貨幣供應量，影響其他經濟活動的措施。
目標	實現經濟增長、經濟穩定、公平分配、資源配置。	合宜的貨幣政策避免通貨膨漲及通貨緊縮的問題。
方法	國家預算、國家稅收、國債及財政補貼。	調節基礎利率、調節商業銀行保證金及公開市場操作。

則藉由央行貸款的利率，藉由調控貨幣數量。法定準備率為央行要求銀行必須保留準備金的比率，藉此影響貨幣數量。從價和量的寬鬆和緊縮來達到穩定幣值避免通膨，景氣過熱方控制貨幣供給量的目的，當然最終目標也是希望國泰民安。然而，這幾年貨幣持續寬鬆，利率降到近年新低，日本歐洲甚至發生負利率的現象，這些低成本的資金被投機者充分運用，造成股市、房市及商品價格暴漲，一般投資人若沒有掌握此利多機會，通常無法享受到資產增值的收益，反而得承受「通膨怪獸」的侵蝕，加上低薪的現況而入不敷出。作者因熟悉經濟週期、政策及運轉的機會，成功的在1997年、2000年及2008年金融轉折點，危機入市而賺取不少「機會財」，才能實踐「財富自由」的人生。

　　回顧2008年的雷曼連動債的風暴，不僅亞洲投資人損失慘重，各國的股市也是災情慘重。於是由美國領頭全世界開始一連

串的財政及貨幣的寬鬆政策。美國自2009年第一季開始為了挽救股市實施了首次的QE政策，釋出了1.75兆美元。之後於2010年至2012年12月持續三次的QE貨幣寬鬆政策（表2-1-2），美國如此一連串的政策造成了美元走貶且釋出的資金紛紛移往新興亞洲及其他國家，而造成這些國家股市及房地產市場大漲，雖然刺激了投資市場但通貨膨漲也緊接而來。直到2014年1月聯準會（Fed）決策開始縮減QE規模，每月購債規模減少100億美元至750億美元。同時政府也開始實施樽節措施，2013年10月至2014年4月美國年度預算赤字共為306億美元，比去年同期減少37%。

歐洲國家也是仿效美國的寬鬆政策及財政樽節的計畫，歐盟經濟體的債務危機永遠難解，例如近年來歐洲難民問題、英

表2-1-2　貨幣寬鬆政策

	時間	金額
QE1	2009年3月至2010年3月	1.75兆美元
QE2	2010年8月底至2012年6月	6千億美元
QE3	2012年9月15日起	每月採購400億美元的抵押貸款
QE4	2012年12月	QE3每月400億美元MBS的購債及450億美元長期公債，合計850億
QE退場	2014年1月	聯準會（Fed）決策開始縮減QE規模，每月購債規模減少100億美元至750億美元

國脫歐還有義大利的政治危機等，都左右著歐洲央行（ECB）的貨幣政策，2015年12月歐洲央行繼續採寬鬆政策，2016年9月至2017年3月擴大延伸購買地方債，隔夜拆款利率甚至降到–0.3%。2017年Fed開始進行貨幣緊縮政策的「縮表計畫」，2018年歐洲央行也開始跟進，雖維持零及負存款利率，每月購債金額從600億歐元縮減一半為300億歐元。原本計畫2018年底QE完全退場，然而年中義大利的政治危機，讓歐洲央行的升息及縮表計畫可能延後到2019年下半年。

　　聯準會2017年開始進行貨幣緊縮政策的「縮表計畫」，2017年10月至12月已經減少了117億美元，2018年第一季縮減了565億美元，縮減的金額皆比預定少，目前計畫每月縮減400億美元的規模，計畫2018年縮表金額為4,200億美元。但是自2008年近十年的貨幣寬鬆，全球釋放出數兆美元救市，聯準會的資產負債表高達4.5兆美元，即便預計在2021年將降至3兆美元，但是過程中也可能因為政治干擾而有所變動。任何的寬鬆與緊縮的政策都是一刀兩刃的難題，但是全世界都跟著美國方向而左右，像是川普上任後，充分運用了財政政策來左右經濟的方向，例如對各國的經濟貿易戰爭，運用提高關稅來打壓其他國家的經濟成長，也逼迫廠商回流設廠以利國內的就業機會，常常激發口水戰來影響各種商品的價格走勢，甚至連聯準會都被干擾，如此一來，也造成了這一兩年的股市波動加劇，投資操作更具難度。

　　所有的財政及貨幣政策皆會左右股市的方向，但是不同的內容其效力會因為影響的範圍和時間有所差異。通常會造成股市多空轉折的巨大變化，甚至導致金融風暴，大多由貨幣政策影響。主要原因是因為貨幣政策直接控制了投資市場的「貨幣數量、價格」，而投資市場的生命力「資金」就如同魚需要「水」一樣，一旦缺乏就必死無疑。當然，過多就會造成資產的炒作及通貨膨脹的惡果。既然貨幣政策是影響股市多空轉折的重要因素，究竟寬鬆或緊縮的貨幣政策會造成哪些經濟指標的影響就值得觀察了。基本上，貨幣政策的控制主要是運用公開市場操作、重貼現政策及準備率政策，這些策略會影響貨幣的供給和利率走勢，利率走勢又影響了貨幣價值。同時利率的高低也讓廠商的借貸成本增減，甚至國家幣值的升貶。單純就投資市場討論，偏寬鬆的貨幣政策，貨幣供給增加，利率下跌，就會幫助股市多頭的走勢。相反地，實施緊縮的貨幣政策，貨幣供給減少，利率上漲，股市漲勢動能就會降低甚至反轉成空頭走勢。

　　由於美國為景氣趨勢的主導者，因此市場上常用的經濟指標都和美國有關，例如美國領先指標、美國密西根大學消費者信心指數、CRB指數、美國耐久財訂單、美債殖利率、中國PMI或貨幣供給等，投資人對這些指標可能不太熟悉。對散戶而言，實務上作者推薦最實用判斷台股多空轉折經濟指標為貨幣供給和台幣走勢，因為這些指標暗示股市的資金動能，資金充沛股市才能漲，資金若缺乏，再績優的公司股價也是跌。簡單分類，股市資

金的來源分三類，第一是我們賺來的，第二是外國資金的匯入，第三是政府釋放的資金。跟第一類有關常用的經濟指標包括外銷訂單指數、工業生產指數及失業率。假設投資人發現連續外銷訂單和工業生產指數都增加且失業率降低，可以推估我們賺到更多錢，股市就會續漲。第二類資金來源可以藉由觀察匯率的變化來判斷，例如台幣持續走升，意味著可能是外國資金的匯入或是台商及投資人海外資金的回流，相反地，台幣走貶可能就代表資金的匯出，要小心股市的資金相對被影響。第三類由政府主導的資金來源就可以觀察央行的匯率及貨幣政策，基本上，調升利率會降低股市資金的動能，調降利率可以提高股市的資金供給。這三類資金的變化會反映在貨幣供給的數字，簡言之，當貨幣供給成長越多，股市資金動能越強，股價指數當然會上漲。反之，當貨幣供給減少，資金動能降低，股市就會下跌。

　　貨幣供給的數字最常用到是M1B和M2。通常投資人看到這兩個英文字也是分不清到底是何意，以下是其定義：

M1B＝M1A（通貨淨額＋支票存款＋活期存款）＋活期儲蓄存款

M2＝M1B（通貨淨額＋支票存款＋活期存款＋活期儲蓄存款）

　　　＋定期存款＋定期儲蓄存款＋郵匯局轉存款。

　　簡單說明：假設你的錢只分玩股票帳戶的錢（M1B）和定存（M2）兩種，M2若是增加，表示把玩股票的錢拿去做定存

　　了，這樣懂了吧！如果玩股票的錢（M1B）一直減少，都把錢拿去做定存（M2）了，股市沒錢了，當然就下跌。

　　以2008年金融風暴，貨幣供給匯率及利率的變化解說資金動能下降後，台股的後續發展，類似的推論可以運用在未來對股市的空轉折的評估。

　　2007年12月M1B年增率跌破M2年增率形成死亡交叉（圖2-1-3），台股指數則從8,586點走跌，預告資金動能逐漸退燒，簡單來說，大戶已經不玩了，把錢拿去存定存了。投資人可以觀察若M1B年增率數字不再創新低後且開始上升，並持續3個月，而同時M1B年增率又穿過M2年增率形成黃金交叉（2009

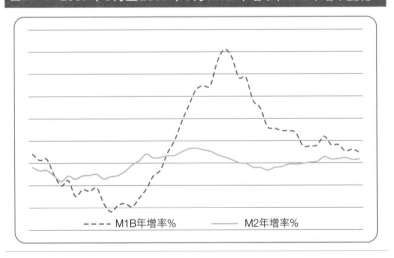

圖2-1-3　2007年8月至2011年6月M1B年增率和M2年增率變化

- - - - M1B年增率%　　　　──── M2年增率%

資料來源：http://www.cbc.gov.tw

年3月），投資人就可以開始準備進場買股票了（圖2-1-3），此時最好以績優股或好公司的公司債做為投資首選，除非股市成交量開始放大，且站上重要關卡，技術線型呈多頭排列，否則不建議積極買進，等到人氣回潮，主流強勢股出現表態，再開始加碼操作。

　　投資人特別要注意當M1B年增率若連續3個月降低，特別是由正轉負時，且大盤指數於高檔振盪，例如表2-1-3，2007年7月至2007年9月從10.19%降至5.67%，2008年1月由1.11%降為2008年2月的–2.42%，投資人就可以考慮把現股部位全數賣出，以10%至20%的資金投資權證，避免資金部位曝險過多。當M1B年增率若連續3個月增加，特別是由負轉正時，如2008年12月由–0.8%上升至2009年1月2.11%，連續增加3個月，此時投資人可以考慮買進績優股票，等趨勢明顯表態後再加碼。

　　除了以上貨幣供給是主要觀察轉折的方法之一，其次就是匯率走勢，影響匯率方向的主導者為「利率」。利率升息後，全球的資金流至利率高的國家，導致該國的國家貨幣升值。降息後，資金離開找尋更高利率的投資，因此該國匯率傾向貶值。然而，利率的變動這個「雙刃刀」的力量也左右了國內企業和景氣的走勢，利率下降，企業資金成本低，擴大投資將有助於經濟的發展，升息則會造成企業投資減少，為景氣降溫的效用。

　　利率的升降決定權在於央行，而央行決定的考量主要是穩定貨幣，避免景氣過熱或衰退造成社會的不安。因此，當景氣過熱

表2-1-3 2007年8月至2009年6月M1B年增率和M2年增率變化

年月	M1B年增率%	M2年增率%
Jul-07	10.19	4.59
Aug-07	7.03	4.07
Sep-07	5.67	3.33
Oct-07	5.9	3.4
Nov-07	2.4	2.15
Dec-07	−0.03	0.93
Jan-08	1.11	2.15
Feb-08	−2.42	1.43
Mar-08	−0.9	2.16
Apr-08	−1.3	2.29
May-08	−0.54	2.5
Jun-08	−4.1	1.46
Jul-08	−5.91	2
Aug-08	−4.43	2.22
Sep-08	−4.04	3.12
Oct-08	−4.74	4.55
Nov-08	−2.81	5.51
Dec-08	−0.81	7
Jan-09	2.11	6.19
Feb-09	3.46	6.26
Mar-09	7.27	6.64
Apr-09	10.08	6.72
May-09	14.27	7.53
Jun-09	17.94	8.2

資料來源：http://www.cbc.gov.tw

時，央行就會考慮升息來抑制，反之，景氣衰退時，就會採取降息來刺激景氣。利率政策的影響力有時間遞延的特性，大約六個月後才會逐步發酵。在2008年底金融風暴出現後，央行採取降息政策，股市並沒有立刻止跌回升，大約在2009年第一季後才逐步回溫。2018年9月大陸為了挽救跌跌不休的股市，實施同樣的降息政策，雖然受到中美國貿易戰干擾投資人可以密切注意半年內陸股的走勢。

利率走勢也反映著未來景氣的預期，理論上天期越長的利率應該是越高，因為時間價值等成本的考量，但是根據殖利率曲線的變化可區分不同的經濟預測，包括正斜率殖利率曲線、負斜率殖利率曲線和水平殖利率曲線三種。正斜率殖利率曲線係指長天期殖利率大於短天期的殖利率，也代表著景氣未來持續成長。負斜率殖利率曲線則為長天期殖利率低於短天期殖利率、暗示著未來景氣衰退。水平殖利率曲線則表示未來景氣沒有多大的變動。

市場上常使用來判斷預測的殖利率曲線為美國－10年－2年期公債殖利率（美國－10年－3個月國庫券利差更為實用），逆殖利率的領先幅度大約是6到18個月左右。但是根據台股的歷史走勢推得要由殖利率的變化預測多空轉折的出現，雖然有關連性，時間上的誤差並沒有一定性，所以投資人要注意這指標的變化，並不一定要運用它來判斷多空轉折。然而，利率影響匯率，實務上直接觀察匯率變化並搭配週線技術分析判斷就足夠預測台股走勢的轉折點。

　　以2008年金融風暴為範例說明，圖2-1-4顯示2009年2月時台幣貶值至最低點34.95元時，台股指數亦跌到4,477點，之後台幣一路走升到2011年6月28.80元時，台股指數上漲至8,749點。藉由2008年金融風暴前後的匯率、利率及貨幣餘額的變化，清楚地說明台幣升貶如何影響股市指數的走勢，同樣的分析方式也可以運用在其他的國家股市。

　　投資交易的進出買賣點可以運用技術分析的專業判斷，但是趨勢「多空轉折」甚至金融風暴的來臨及離去，經濟指標變化是主角，特別是「貨幣供給」和「匯率」變化，投資人務必謹記在心。截至2018年10月台幣匯率從29元左右貶值至31元，台股指

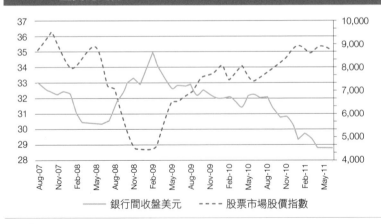

圖2-1-4　2007年8月至2011年6月股票市場股價指數和銀行間收盤美元走勢

資料來源：http://www.cbc.gov.tw

數回檔近2000點，週線跌破上升趨勢線，技術面偏空。假設貨幣供給M1B成長率跌到負值，就必須注意多空轉折趨勢，投資人必須小心操作並採取資產避險的策略（參考第五章），避免資產受金融風暴所傷害。

2-2

多空轉折點技術分析指標的判讀

　　前文提及技術分析指標多空轉折變化就如同病人生死一瞬間的生命徵兆，通常金融風暴的來臨，屬於長期趨勢的改變，因此就技術面而言，月線指標肯定死亡交叉且空頭排列，以台灣股市的經驗，通常會跌破十年線的重要關卡。例如2000年的科技泡沫就跌破十年線後直到3,411.68才止跌，2008年金融風暴也是跌至3,955.43。當然總經政策和指標變化是股市多空轉折的先行指標，不論是多頭轉折起跌點或是空頭轉折起漲點，都必須先驗證前一節所提及的經濟指標變化，才能確定技術指標是否隨後轉折。例如2008年第一季左右，股市此時仍在9000點上下，大部份的散戶仍不知道未來的慘烈跌幅即將來臨。然而，當時的貨幣供給已經出現訊號了，M1B的年成長率已經為負值了，2008年2月、3月及4月分別為–2.42%、–0.9%及–1.3%，且持續三個月以上。同時台幣匯率也開始貶值，雙重的警訊提醒台股資金已經出現疑慮了，外資快速落跑，技術分析指標持續破底，直到台幣回

穩且M1B年增率由負轉正，股市資金不再失血後，指數才逐漸突破空頭壓力線，且技術分析走出谷底，慢慢呈現多頭排列。

技術分析基本原理是運用買方賣方的價量變化推導計算出，然而，矛盾的是市場上的「八二法則」，要如何觀察輸家佔八成的統計數據，找出贏家的進出場點，就真的是一大學問了。作者本人多年的投資經驗，發現只要掌握二成贏家「低買高賣轉折點」的技術指標變化，成功機率就大幅提升。

運用技術分析指標的變化來判斷「多空轉折」，其過程的發展大多如下，當多頭轉換成空頭前，會發現指數（股價）創新高，但是其他技術分析指標並沒有同時創新高，這現象稱為「背離」，例如大家常聽到的價量背離。出現「背離」現象後，股價大多會大幅修正，特別是週線背離現象出現時候。第二階段跌破均線，最後再跌破上升趨勢線。相反地，當空頭趨勢預備翻多時，也是會出現「低檔背離」，指數（股價）創新低，但是其他技術分析指標並沒有同時創新低，之後股價站上均線突破下降壓力線，趨勢正式脫離空頭。根據以上的變化，趨勢轉折時會有三次警告訊號依序發生「指標背離—突破均線—突破趨勢線」，就如同馬路上的「紅綠燈」顯示過程「紅燈、黃燈、綠燈」。然而，大部份的散戶根本不懂技術分析的專業就貿然投資，當然看不出來技術分析指標變化的暗示。

2014年中突破整理底部站上均線，呈現多頭排列後強勢上漲至5,423點，上證指數週線指標出現「高檔背離」及「多空轉

折」，隨後長黑Ｋ跌破了「均線」及「上升趨勢線」，而2018年以圖2-2-1亦出現相同的現象，投資人若是熟悉這些轉折的指標變化，順勢操作多空皆賺並不難。

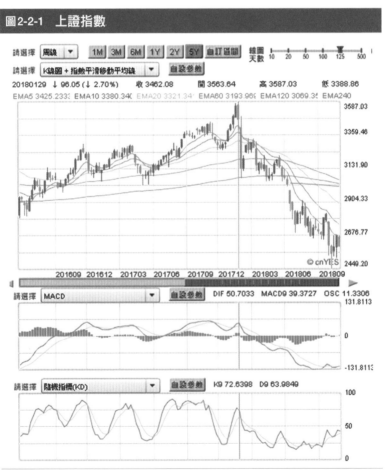

圖2-2-1　上證指數

資料來源：http://www.cnyes.com/shstock/stk/idx.aspx?code=000001&t=6

　　在2014年出版的《十分鐘逆轉勝》一書中，已經詳細整理了主要技術分析指標的種類和說明。本書內容著重於「多空轉折點」技術分析指標的運用和觀察，因此先對主要的使用標指略作說明，末段再以範例說明。

(1) 背離

　　背離不是一個指標，是一個「現象」，就是指標的股價走高或是下跌，而一些技術指標並沒有同步的方向，特別是股價創新高，技術指標或是成交量沒有跟著創新高，或是股價下跌創新低，但是技術指標沒再跟著創新低，這樣的情況就稱作背離。我們常常會聽到電視上的分析師說「價量背離」，最簡單的就是指股價創新高，但是成交量沒有同步創新高。這樣的情況發生，暗示著股價可能回檔或是趨勢可能即將反轉的徵兆。

　　由於技術分析指標都是統計學中的數字整理，因此會有鈍化情況發生，所謂鈍化意指指標不具指示性。例如教科書上KD＞80（超買）建議賣出，然而若位於主升段的強勢股標的，容易發生指標高檔鈍化現象。反之，即便跌到超賣區的20，弱勢股低檔鈍化，依舊持續破底，（圖2-2-2）大立光2018年3月底的股價下跌，KD＜20，指標鈍化，股價持續下跌。投資人若沒有注意「鈍化」的風險，就容易太早賣出或是買進。

圖2-2-2　大立光股價走勢

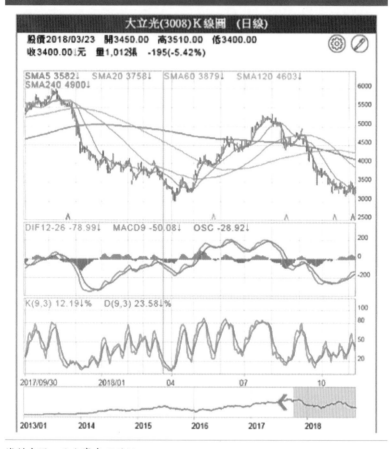

資料來源：元大寶來理財網

　　「背離」雖然是「現象」，但一樣也可能出現「鈍化」，特別容易發生在「小型股」、「籌碼特定」或是「基本面支持」的標的。不過即便日線被這些特殊原因干擾，但是「週線」的背離鈍化發生機率就相當罕見。如圖2-2-3，儒鴻因為籌碼集中，雖然日線指標出現連續的「背離」現象，但股價仍持續創新高，直到549元最高價後，週線MACD及KD指標皆未創新高，出現週線高檔背離現象後破均線，再破中期上升趨勢線，股價多空轉折，大幅下跌。

(2) K線

　　投資新手剛剛接觸股票的第一印象大概除了記住股票的代碼外，應該就是那每天一根根的K線了，這根K線其實包含著買方賣方多空交戰的許多資訊，特別在趨勢轉折點，都會出現特別的K線型態，投資新手必須花點時間好好了解，搭配書中介紹的主要指標，就能掌握最佳的進出場點。

　　根據作者本人多年的經驗，多頭趨勢轉折常出現的K線為「長黑線」、「長上影線」、及「十字線」，而空頭趨勢轉折常在低檔出現「長紅線」、「長下影線」和「十字線」，通常會出現在「背離」訊號前後。這樣的現象其實不難理解，當股價漲到高點時候，大戶通常利用散戶「追高」的心理「出貨」，於是股價容易拉高後倒貨，收盤大跌。相反地，當股價大跌時候，散戶通

圖2-2-3 儒鴻股價走勢

資料來源：http://www.yuanta.com.tw/pages/content/StockInfo.aspx?Node=fad9d056-9903-40f4-9806-b810b59c4b1c

常是殺低認賠，大戶才敢勇敢接手，因此低檔出現大量吃貨，自然容易出現「開低走高」，而形成了低檔轉折K線「長紅線」、「長下影線」和「十字線」。圖2-2-4環球晶股價最高點642元，當週的週K線就收了一個「長上影線」，隨後就轉折大幅下跌。

　　通常只要未出現高低檔「轉折訊號」，例如「背離」現象，每日的K線變化只能解釋當天買方賣方的實戰情況，無法有趨勢改變或轉折的意義。至於頭部底部型態是由多個K線組成，股價大多錯過了最高點賣點（空點）及最低點的買點（多點），本書著重於「多空轉折點」，就不多浪費章節討論型態。

(3) 均線

　　均線可以區分目前股價多空趨勢，也可以發現股價的支撐和壓力，還有整理時間的估計。多頭走勢代表股價越走越高，因此均線排列為短天期＞長天期（5MA＞10MA＞20MA），反之，空頭走勢代表股價越走越低，因此均線的排列為長天期＞短天期（20MA＞10MA＞5MA）。

　　根據格蘭碧八大法則，均線呈現多頭排列時，股價回到均線是建議的買點，股價漲幅過高，正乖離過大可以考慮賣出。一旦股價跌破均線，死亡交叉可能就是多轉空的轉折點。相反地，均線空頭排列時，股價反彈遇到均線則為賣點，但是當股價大跌，負乖離過大時候，就是短線搶反彈的買點。以圖2-2-5大立光為

圖2-2-4　環球晶股價週線

資料來源：http://www.yuanta.com.tw/pages/content/StockInfo.aspx?Node=fad9d056-
9903-40f4-9806-b810b59c4b1c

圖2-2-5　大立光股價走勢圖（週線）

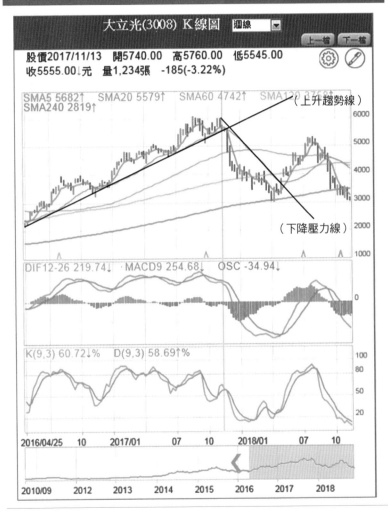

資料來源：元大寶來理財網

例，多頭排列時，當股價回檔至週線20MA，就得以支撐，直到跌破週線20MA，均線呈空頭排列，反彈均線呈壓力。

總括而言，均線在多頭排列時為支撐點，空頭排列時為壓力點，多空趨勢轉折點須注意支撐是否被跌破，或是股價站上均線，實務上，以三天為觀察期。

(4) 趨勢線

趨勢線是運用簡單的兩點劃一直線的方法來判斷股價的走勢，多空轉折常運用上升趨勢線和下降壓力線。上升趨勢線是以兩個股價的低點連結成一直線（圖2-2-5），上升趨勢線除了可以標示出股價的走勢外，亦可以當成股價的支撐線。基本上，趨勢線不會短期就反轉，通常搭配均線可以預估大約股價走升的時間長短，因此當股價回檔至上升趨勢線就會發揮支撐的作用，當然隨著股價的走高，支撐線多次被測試，通常測試三次就要特別謹慎，若跌破時就代表多頭趨勢反轉成空，最後機會提醒投資人不宜作多。反之，均線呈現空頭排列，找尋兩個股價的高點，劃一直線為下降壓力線（如圖2-2-5），股價反彈遇到下降壓力線則是搶多停利的時機，通常突破下降壓力線時，就代表對空頭的最後提醒「趨勢轉折」確定，此時為放空者停利的最後機會。

(5) KD

　　由喬治‧萊恩（George Lane）發明的KD隨機指標（Stochastics），簡稱KD，是目前大眾普遍使用的指標之一。KD具備了動量觀念、強弱指標與移動平均線的優點，包含了快速平均值（%K）和慢速平均值（%D）兩條線組合成來判斷股價的超買或超賣的訊號。KD的計算必須先求出RSV（未成熟隨機值），再導出K及D值，RSV、K值及D值皆以%（百分比）來表達。

　　K值和D值的使用上必須注意，在股價上漲的時候K值會大於D值，K值大於D值交叉穿過稱為黃金交叉，表示未來股價續漲。而股價下跌的時候K值會小於D值且呈死亡交叉，意味著股價會續跌。KD值其數字介於0-100，理論上KD值大於80%稱為超買區，提醒投資人要擇機賣出，而KD值小於20則為超賣區，投資人可以選擇買入。

　　實務上，KD當遇到強勢股和弱勢股標的容易出現鈍化的情形，因此作者只參考KD「黃金交叉」和「死亡交叉」為進出場的買賣點，而「多空轉折」的訊號則是參考「背離」是否出現。

　　以圖2-2-5大立光週線為範例，中期投資操作可以參考當均線多頭排列時，回到均線支撐且KD「黃金交叉」買進，當「死亡交叉」時賣出。而大立光高檔出現KD「背離」，就要小心中期「多空轉折」的警訊。當均線呈空頭排列時，KD「黃金交叉」

就不一定是安全的進場作多的訊號，但是「死亡交叉」仍具有參考性，當然低檔「背離」也是趨勢空轉多的「第一槍」提示。

(6) MACD

MACD（Moving Average Convergence Divergence）稱為聚合和離散的移動平均線，MACD是由傑拉德‧阿佩爾（Gerald Appel）發明，它是由移動平均線衍生出的中長期的多空趨勢指標，但是無法用來判斷股價高低。該指標包含了DIF（快速線）、MACD（慢速線）及OSC（紅綠柱狀體）。

實務上的運用必須先區分MACD和DIF現在在零軸上還是零軸下，位於零軸上股價趨勢走多頭，零軸以下股價趨勢走空頭。OSC紅柱零軸上表示股價上漲，而零軸下表示股價下跌，柱狀體的長短和漲跌勢的動能有正比關係，越長動能越強。需要注意當MACD和DIF位於零軸下，股價上漲而OSC紅柱增加須視為反彈，而非續漲，而綠柱的出現代表跌勢繼續。若MACD和DIF位於零軸上，OSC紅柱增加代表續漲，而綠柱代表漲多回檔整理。

通常MACD是無法單獨使用來判斷進出場，但是可以提醒股價開始起漲或是起跌完成的期間，因為OSC柱狀體的形成是隨著股價的上漲，由紅柱短到長再縮短至綠柱的出現，股價就明顯回檔。一般建議搭配其他指標或是K線來判斷進出場，例如當KD值黃金交叉時候搭配MACD的紅色柱狀體續增或綠柱縮短，

通常是不錯的進場點。

(7) B-band

B-band布林通道是由美國約翰・包寧傑（John Bollinger）所設計，運用統計學中標準差的理論來判斷股價和標準差偏離多少？若是股價離標準的範圍外太多，股價可能回到正常範圍內的機率提高。

簡單舉例來說，假設全班10個女生的平均身高為160公分，最高的一位是170公分，而最矮的一位是155公分。如果你不小心進了別間教室遇到了178公分的女生，這樣就可以推估這女生應該是別班的同學。換言之，如果你遇到了153公分的女生亦同理，發現錯誤了立刻走出這間教室回到自己的班級中。將這個範例套用在B-band布林通道，它利用平均股價的波動算出正負2個標準差的範圍而畫出上下範圍的曲線，股價95%會在這個區間遊走，當股價上漲或下跌超過這個區間就隨時可能股價會往相反的方向走。

以圖2-2-6解釋股價和B-band布林通道關係，股價上漲超過B-band布林通道正2個標準差的曲線後大多回檔修正，下跌至B-band布林通道負2個標準差的曲線後也都反彈。

若只單純運用B-band，容易忽略均線的壓力支撐，特別是半年線或是年線，實務操作上，半年線和年線具有支撐和壓力的

效力，基本上，除非是大利空，股價跌到半年線時，通常負乖離過大而反彈，需要回測2至3次，才可能正式跌破，年線的支撐比半年線更強。若投資人單純使用B-band上下緣為進出場的依據，容易產生誤差。此外，B-band不易觀察到多空轉折的訊號，但是若搭配KD及MACD出現「背離」轉折的現象，就可以明顯的確認。

不過在底部打底或是頭部做頭的時間點，搭配B-band指標為買賣進出點，就是蠻好用的指標工具，但是多頭走勢或是空頭走勢，則建議使用其他指標如KD及MACD，準確度較高。

以圖2-2-6大立光為例，跌破5000元從多頭變成空頭走勢，MACD也呈現空頭走勢，若單純股價碰到下緣就買進，就很容易股價續跌造成虧損。

(8) 多空轉折指標綜合運用

實務上，每個技術分析指標都有其優缺點還有交易的盲點，投資新手千萬別只有看單一的技術分析指標，而當作進出場點的依據。通常金融風暴來臨時，月線技術分析指標肯定是走空，例如指數跌破長期均線和上升趨勢線、KD死亡交叉、MACD零軸下且綠柱出現，但不一定會出現背離現象。不過週線和日線指標則是容易出現「背離」，依序跌破均線和上升趨勢線。投資人其

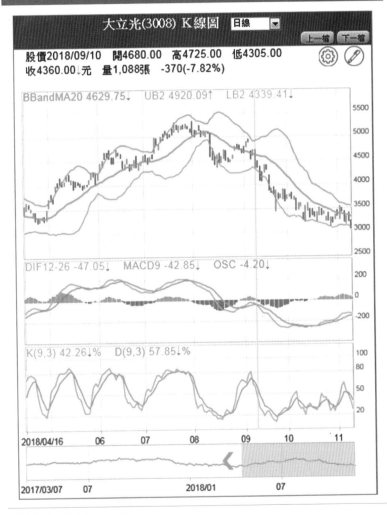

圖2-2-6 大立光股價走勢（日線）

資料來源：元大寶來理財網

實不需要害怕空頭的來臨，因為現在的投資工具多樣化，當轉折空頭來臨時候，可以搭配認售權證或是反向ETF來保護資產的投資，甚至積極的投資人可以專心「放空」，多空皆賺。

　　無論轉折點或是平時交易操作，都可以運用指標的變化決定進出的動作，以表2-2-1為例，多頭走勢的買點指標包括了KD黃金交叉、MACD綠柱開始縮短或紅柱再起等，而空頭走勢的放空點則是選擇KD死亡交叉、MACD紅柱開始縮短或綠柱再起。記得，越多的指標呈現買進訊號或賣出訊號，就是做多或做空的安全點，根據經驗只要掌握此紀律，通常虧損的機率就大大地降低。

　　至於買進賣出訊號究竟需要觀察月線、週線或日線，甚至是30分鐘的技術指標？取決於投資商品的種類及報酬率，通常報酬率越高，必須觀察越短的週期指標。例如投資基金或是存股的投資人，進出場可以參考週線為買賣的訊號。投資股票則可以參

表2-2-1　指標進出場注意事項

指標	做多	做空	注意事項
KD	黃金交叉	死亡交叉	強勢弱勢股鈍化
MACD	綠柱縮或紅柱再起	紅柱縮或綠柱再起	籌碼面
BBAND	下緣	上緣	基本面
K線	止跌K線出現	止漲K線出現	搭配5+30分K線
背離	低檔背離	高檔背離	背離鈍化

考日線，交易權證者以30分鐘的技術指標變化為參考買賣點，期貨選擇權可當沖的商品，則是可以參考10分、5分或1分。

(9) 金融風暴範例解說

技術分析指標就如同股市的生死訊號，其中以十年線為生死支撐的分界點，除非經濟面出現危機，通常不易跌破。由圖2-2-7中1997年至2018年的台股月線為例，十年線確實是扮演著重要的角色。除了1997年金融風暴未跌破外，2000年網路泡沫及2008年的雷曼風暴都跌破了十年線。基本上，跌破十年線必須搭配總經指標的惡化，例如2008年的貨幣供給就出現了負成長率，此外，外資退場和台幣急貶也是催化劑。

判斷進出場或是多空轉折，新手千萬別只使用單一指標，建議搭配2~3個指標觀察，可以提高勝率。以1997年至2008年的台股指數分析，計畫存股養老或是購買基金的投資人，可以選擇台灣50或是其中的成分股，因為月線的技術分析指標較少出現鈍化的現象，因此當月線指數跌到指標低檔時存股，例如月KD低檔黃金交叉買入，若希望提高績效，可以於KD高檔死亡交叉減碼賣出。這樣的操作模式，根據歷史統計，平均年化10%，應該不難達陣。

對於技術分析較能掌握的投資人可以投資個股，參考週線操作，運用指標「背離」的訊號，波段操作。圖2-2-8以週線為

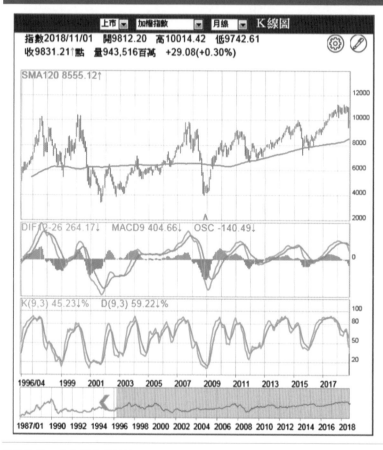

圖2-2-7　1997年至2018年台股指數月線

資料來源：元大寶來理財網

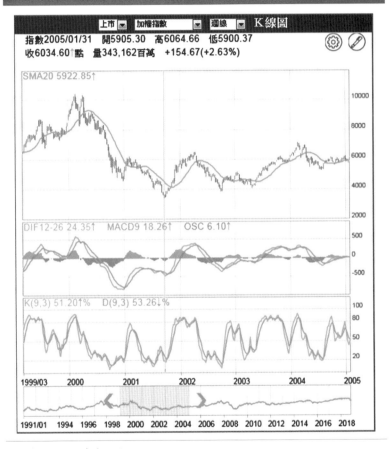

圖2-2-8　2000年台股指數週線圖

資料來源：元大寶來理財網

例，2000年網路泡沫跌破20MA，MACD零軸下呈線空頭走勢，均線呈現空頭排列且完成了a-b-c波段跌幅後，經過了一年多的下跌，出現了空頭轉折「背離」訊號，指數創新低但是KD和MACD都沒有再下跌，之後指數站上均線且突破下降壓力線，指數續漲與20MA「黃金交叉」，KD亦同且MACD紅柱出現，脫離空頭趨勢。後續因為剛好遇到SARS事件，導致指數低檔整理，但投資人若遵循技術分析指標紀律操作，投資虧損機率不高。

圖2-2-9的2007年10月週線就出現了「多頭轉折」訊號，指數創新高但是KD和MACD都出現「背離」，隨後跌破均線及上升趨勢線，2008年第一季因為選舉而出現反彈，隨後又因為總經數字惡化，直轉向下。直到2008年11月才出現「空頭轉折」訊號，指數創新低但是KD和MACD都出現「背離」，隨後站上均線及突破下降壓力線，打底後繼續站上20MA形成黃金交叉的最佳買點。

由以上的範例說明，無論是多頭轉空頭或是空頭轉多頭，技術分析指標的訊號都是可以運用和驗證，特別是週期越長越具有參考性。個股操作的進出買賣點可以根據相同的邏輯和方法運用，但是不建議和指數一樣參考十年線，主要原因是由於台灣的企業興盛期且持續成長超過十年以上的機率很低，投資個股建議日線搭配週線20MA操作，並且注意公司的價值成長而非以價格來評估是否值得買。以圖2-2-10宏達電為例，雖然曾經貴為上千

图2-2-9 2008年台股指數週線圖

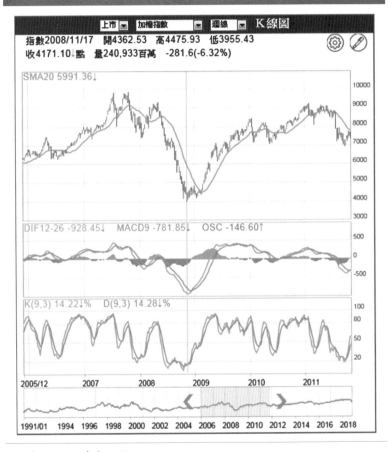

資料來源:元大寶來理財網

圖2-2-10　宏達電股價月線圖

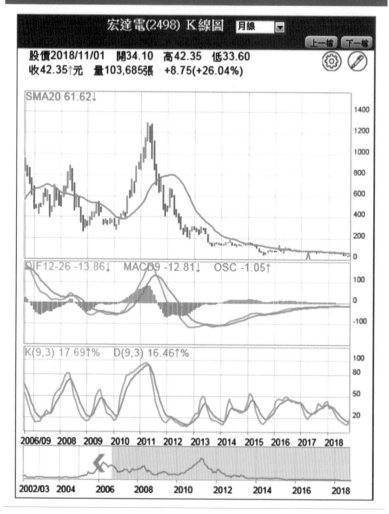

資料來源：元大寶來理財網

元的股王，但現在也是銅板價，不過若懂得技術分析專業的投資人，就應該在週線跌破20MA或月線KD死亡交叉的時候，並搭配財報營收的變化，提高警覺化險為夷。

　　技術分析是散戶最簡單的自我保護工具，雖然短期的線型可能被主力所干擾，但是長期趨勢比較難被扭轉，投資人可以運用長期或中期的趨勢來保護短期的操作。技術分析也可以運用在各種商品的進出，例如匯率、石油、黃金、原物料或農產品等等。關於技術分析運用範例及如何搭配週線、日線及30分鐘線型使用，於《十分鐘逆轉勝》書內已詳細解說，讀者可以翻閱複習。

2-3
企業營運多空轉折的財報分析

　　記得當年2008年金融風暴時，作者在外商不動產顧問公司上班，當時因為景氣衰退，不動產交易急凍，公司營收當然下跌，全體員工共體時艱，集體降薪。因此，當金融風暴來臨的時候，對企業直接的衝擊就是營收銳減，幾乎無一倖免。圖2-3-1及圖2-3-2為台灣主要企業在2008年第四季和2009年的財務狀況，中鋼和台積電在2009年第一季營收皆銳減，之後才緩步回升。

　　過去金融風暴的造成大多是因為政府擔心景氣過熱，而採取一系列的貨幣及財政緊縮的政策冷卻經濟，因此從以往的經驗發現，企業的財報通常在經濟轉折點時（股市大幅回檔），營收變化並不大，直到股市大幅下跌，景氣急凍後，才開始影響營收。因此，當營收穩定恢復超過三個月，大可以確定景氣將逐步回升，也是存股族可以考慮進場的時間。然而這樣普遍的遊戲規則，在2008年金融風暴持續寬鬆貨幣下，慢慢地改變，同時，

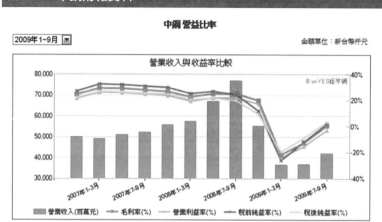

圖2-3-1　中鋼財報資料

資料來源：鉅亨網

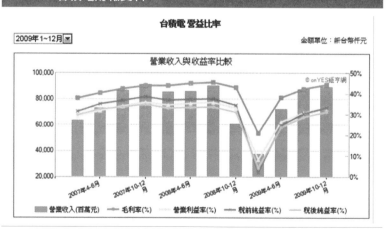

圖2-3-2　台積電財報資料

資料來源：鉅亨網

2017年的升息政策並不是跟過去一樣是為了抑制過熱的景氣，而是因為避免持續寬鬆貨幣政策的副作用而實施。

實施了近十年的寬鬆貨幣救市，造成了嚴重的通膨、貧富不均、低薪等等的後遺症，其影響範圍小則個人財富的重分配，大則國家權益的重分配，即便目前看似一片欣欣向榮，但實質在許多弱勢階層、窮困國家都已經面臨風暴的危險。簡單來說，金融風暴已經在不同的世界中進行了，造成窮人（弱國）通膨，但是富人（強國）通縮。因此，從企業角度來觀察，體質弱的企業還沒等到「緊縮政策」的實行，已經出現危機。近年來，台灣投資市場流行「存股」，特別是中老年的退休族群，在完全不懂財報專業的觀念下，傻傻存股，殊不知許多的企業未等到金融風暴來臨，可能就會面臨生死存亡的威脅，特別台灣的中小企業，跟不上AI的趨勢變化，又無法和大陸的紅海競爭，未來前景十分堪慮。

關於財報的相關專業基礎請參考《十分鐘逆轉勝》第一章，此章節著重於實務的分析，特別提醒當面臨金融風暴來臨時，如何檢視自己手上持股的公司營運風險，教導存股族如何選擇優質標的汰舊換新，讓自己的資產安全無虞。

未進入深奧的財報數字前，投資人先情境設想，假設你是穩定的上班族，每個月固定薪水收入，養家糊口還要繳房貸及供養老小，萬一有一天忽然生病了，暫時無法工作半年，先不算醫療費用的支出，養家可能需要三萬元，房貸二萬元，換言之，固定

的支出是五萬元。但是零收入的你，還好平時有存錢，算算現金還能支撐一年的基本生活開銷和房貸，父母親也是願意無息金援你，因此，可以安心養病，等待康復後再工作。相反地，如果平常就是「月光族」了，而且負債累累，突然發生這樣的意外，肯定是雪上加霜了，結果不言而喻。將同樣的事件發生在企業上，當金融風暴來時，企業營收銳減，但是經營成本和支出仍需支付，如果流動現金不足，股東又無法支援，負債比例又過高？情況將相當危急？投資人必須謹慎留心持股的財報狀況，才能趨吉避凶。

　　因此，從以上淺顯易懂的範例可以明白，金融風暴來臨時，營收銳減是很正常，但左右一家企業存活最重要的因子，就是現金為王。這道理不僅適用在投資人身上，在企業營運也相當重要。此外，負債比率也是主角，存股族特別要避開負債比率過高的投資標的，以免到時公司因週轉不靈而倒閉。最後保留盈餘就是企業的財庫和滅火器，足夠的保留盈餘讓公司能安全地度過景氣寒冬。既然了解「現金比率」、「負債比率」和「保留盈餘」是金融風暴來臨時保護企業的觀察因子，存股族還得注意「毛利率」、「ROE」、「股利政策」及「員工每人營業利益」，此章節將詳細的教導大家快速閱讀及判斷這些數字。當然財報數字種類繁多，就如同技術分析指標一樣複雜，投資人可以化繁為簡的觀察以上建議的數字即可，搭配標的「週線」進出，可保安康。

　　財報閱讀項目分為三大表：資產負債表、損益表及現金流量

表，以上的數字分別在這三張表內，現在的網站都有簡明表格，直接點閱五力分析（表2-3-1），就有相關的數字。（https://www.cnyes.com/twstock/finratio/3008.htm）事實上，對於一般投資人可能看到這些數字早已經昏頭轉向，因此，先針對必要了解的專有名詞一一解釋：

(1) 現金比率

由現金比率的公式可以得知，其比率是評估企業沒有任何收入時，手上的現金是否足夠給付負債，如同前例當上班族生病停薪休養時候，現金或可變現的資產是否夠付他的生活費和房貸？當然在金融風暴來臨時，現金為王，只要公司現金比率越高就越安全。

表2-3-1　財務分析資料

財務結構	負債佔資產比率、長期資金佔固定資產比率
償債能力	流動比率、速動比率、利息保障倍數
經營能力	應收款項收現日數、應收款項周轉率、存貨周轉率、平均售貨日數、固定資產周轉率、總資產周轉率
獲利能力	總資產報酬率、股東權益報酬率、營業利益佔實收資本比率、稅前純益佔實收資本比率、純益率、每股盈餘
現金流量	現金流量比、現金流量允當比率、現金再投資比率

現金比率的計算公式：

現金比率＝（現金＋有價證券）×100%／流動負債

(2) 負債比率

　　金融風暴來臨時，企業手上若現金不足，又負債過高，就真的是屋漏偏逢連夜雨了，如果公司又運用高財務槓桿的負債，風險度更高，投資人務必小心謹慎。例如前例上班族沒現金支付負債，還運用高利貸來繳房貸，雪上加霜，早晚出事。

負債比率計算方式：負債總額／資產總額。

(3) 保留盈餘

　　保留盈餘就如同公司的財庫，把每年賺的錢放在公司保險庫，如同上班族把每個月薪水扣除支出後的存款，這些盈餘對企業而言，未來可以發派給股東或再投資等等，當然假設遇到金融風暴，這些資金就是救命藥了。

(4)銷售毛利率

高毛利率的產業代表著公司具有產業競爭力和價格優勢，特別在金融風暴時，因為高毛利率，降價空間較大，就比較能度過景氣的寒冬。對存股族而言特別重要，持有競爭力才值得長期擁有。

銷售毛利率＝（銷售收入－銷售成本）／銷售收入×100%

(5)股權收益率（ROE）

股東權益的投資回報率之指標，例如你投資100萬幫朋友開一家餐廳，營收扣除成本、費用、稅等支出的稅後盈餘為10萬，你所投資的股東權益報酬率（ROE）就是10萬÷100萬×100%＝10%，ROE越高當然越好，根據巴菲特選股法，ROE > 15%為首選。依據不同的產業有不同的合理報酬率。假設投資的公司低於同產業太多，就要懷疑可能營收衰退、成本或費用太高了，因為這些原因都是會導致稅後盈餘下降。其次，每年ROE波動太大，也要懷疑是不是公司有作假帳或是出現經營危機？存股族務必密切觀察這數字的變化，關係著股東的收益。

股東權益報酬率（ROE）＝稅後盈餘／股東權益

(6)股利政策

對於存股族，每年的配股是投資主要的目的，因此選擇殖利率至少大於定存的三倍以上的標的，可能才值得考慮，股利通常都是由保留盈餘分配給股東，但要注意有些公司若是由銀行融資發放股利，就要小心負債比例是否過高，在金融風暴來臨時，營收又衰退，可能導致經營風險。此外，盈餘發放率太高，也可能是企業沒再積極擴大經營，未來營運前景疑慮？也是長期存股族須留意。

(7)員工每人營業利益

作者相當推薦觀察員工每人營業利益的變化，因為未來高齡化趨勢，可勞動人數將下降，台灣企業若無法轉型成功為高收益的公司，勢必被淘汰，觀察這個數字就可以知道這公司的員工產值和效益，越高當然越有競爭力，越適合存股。

財報數字千變萬化，一般投資人大多眼花撩亂，本章節化繁為簡建議只看七個數字，這些數字在券商的網路平台上都免費提供，投資人可以自行搜尋，接下來以大立光和宏達電為範例說明。

大立光和宏達電當年同為千元股王，但是經歷多年後，兩家公司價格差距已經難以比較，除了眾所皆知產業的競爭力改變

外，從財報數字的變化，也可以明顯地比較出巨大的差異。以大立光（表2-3-2）而言，從2010年至2017年，維持充沛的現金流量，低負債比率，而且年年賺錢保留盈餘增加。毛利率逐步提高，代表公司產品有競爭力，ROE也維持在高水準上，股利發

表2-3-2　大立光財報數字

期別	2017	2016	2015	2014
現金流量比率	134.88	119.15	142.45	133.18
負債比率%	20.28	20.84	24.53	24.33
保留盈餘（百萬）	91,870	74,432	60,227	42,919
營業毛利率%	69.36	67.11	57.38	53.52
ROE（A）─稅後	30.7	32.42	44.09	50.72
股利	72.5	63.5	63.5	51
每人營業利益（千元）	5,299	4,609	4,231	3,340
期別	2013	2012	2011	2010
現金流量比率	139.56	71	131.49	169.17
負債比率%	21.15	26.23	20.47	13.74
保留盈餘（百萬）	27,308	19,980	16,732	13,344
營業毛利率%	47.25	41.67	43.42	47
ROE(A）─稅後	35.95	26.07	28.72	26.88
股利	28.5	17	17	13.5
每人營業利益（千元）	2,011	1,436	1,155	1,128

資料來源：http://www.yuanta.com.tw/pages/content/StockInfo.aspx?Node=cfd49282-f31f-4000-a234-bbc90ce4b751&stock=3008

放也不手軟。員工的營業利益逐年提升，代表精英員工產值高，公司競爭力將持續提升。

反觀宏達電（表2-3-3）2010年至2017年財報數字，最大轉折點在2011年至2012年，當時股價仍在千元以上，由於智慧

表2-3-3 宏達電財報數字

期別	2017	2016	2015	2014
現金流量比率	−57.94	−18.76	−20.24	−0.41
負債比率%	49.35	49.81	49.93	50.97
保留盈餘（百萬）	12,204	29,139	40,080	59,531
營業毛利率%	2.16	12.07	18.04	21.69
ROE（A）—稅後	−39.58	−18.12	−21.41	1.88
股利	0	0	0	0.38
每人營業利益（千元）	−1,594	−1,337	−1,142	40
期別	2013	2012	2011	2010
現金流量比率	−17.17	18.69	57.72	39.82
負債比率%	54.99	61.27	59.96	60.76
保留盈餘（百萬）	66,286	70,102	86,617	63,151
營業毛利率%	20.78	25.23	28.3	30.09
ROE（A）—稅後	−1.68	19.29	70.34	56.29
股利	0	2	40	37.5
每人營業利益（千元）	−206	1,071	3,950	3,510

資料來源：http://www.yuanta.com.tw/pages/content/StockInfo.aspx?Node=fad9d056-9903-40f4-9806-b810b59c4b1c

型手機市場的飽和及競爭度上升，宏達電主業持續衰退，ROE
在2011年大幅縮水至19.20%，之後更呈現負值，換言之股東報
酬是賠錢，且持續的燒錢，保留盈餘大幅減少，當然無力配股
息了，營業毛利率更在2017年出現個位數，股價當然是直直落
了。當年存股族若忽略了財報數字的變化，千元存股只剩百股
（白骨），不勝唏噓。

　　筆者建議有意存股的投資人要採取「智慧型」存股，搭配技
術分析月線或週線進出，觀察財報數字變化調整存股標的。財報
資料通常是落後指標，以宏達電為例，2012年年報出現數字惡
化先兆，但是股價已跌至剩下三成而已，所以若能搭配技術分析
（參考前文內容）專業，就可以高檔從容停利，例如月KD出現
死亡交叉（圖2-3-3）。

　　總經指標在多空轉折的掌握中屬於先行指標，通常會在1~3
個月前提前反應，可以參考前文2009年貨幣供給和台幣匯率的
變化過程。技術分析指標屬於同步指標，例如跌破上升趨勢線
（突破下降壓力線）就是最後多轉空（空轉多）的通告，而財報
資料因為公告的時間限制，則是落後指標。前文範例當年宏達電
財報營收開始衰退時，技術面已經呈現空頭走勢。不過財報數字
在景氣落底後，若連續三個月營收成長，就可以確定走出底部型
態，投資人可以順勢加碼。記得，贏家的命運是靠著「專業」和
「經驗」，幸運絕對不會從天而降。

圖2-3-3 宏達電股價走勢（月線）

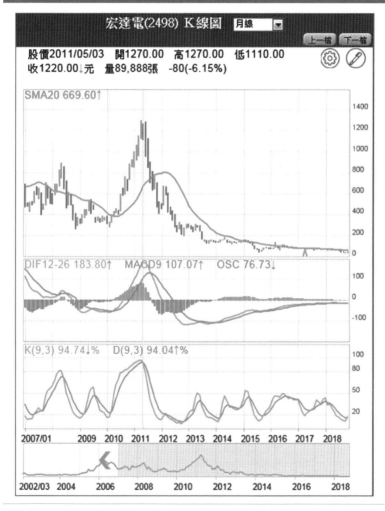

資料來源：http://www.yuanta.com.tw/pages/content/StockInfo.aspx?Node=fad9d056-9903-40f4-9806-b810b59c4b1c

第三章

景氣循環必勝投資組合

投資理財的世界裡，「八二法則」意指所有的投資人當中，只有二成是贏家，八成是輸家，除了2008年後貨幣過度寬鬆的環境下，讓許多人自以為是贏家，其實近年來的投資已經不如之前的一帆風順，特別是2014年11月寬鬆貨幣政策轉向，利率轉向升息的趨勢，2015年年底開始升息，後續兩年持續加息，甚至於2017年底開始收縮資產負債表，隨著利率的升高，資本市場波動開始加劇。這情形在2018年特別明顯，2018年2月全球股市大跌相信大家記憶猶新，10月再次的震撼教育，台股週線跌破高檔整理平台，趨勢偏空。「升息」效應的殺傷力對前一兩年狂買高收益債基金的投資人，已經造成實質傷害，接下來是波及擴大到瘋狂存股和「特別股」持有人，「八二法則」將再次映證。未來無論各國政府是否採取鴕鳥心態，為了政治考量而繼續寬鬆救市，投資市場的波動性都將大幅增加，而投資理財的難度也將提高，只有靠專業才能增進投資績效，缺乏專業就註定成為那八成的輸家。其實，任何理財商品除了發行者的信用風險外，都不是設計出來讓投資人賠錢的商品，千錯萬錯都是自己的錯，專業不夠誤信理專或財務顧問，在錯誤的買賣點進出，當然必賠無疑！

市場上的理財商品不外乎為以下項目，債券、股票、商品及貨幣等等，再以這樣的基本商品架構下衍生出不同的理財商品。常常聽聞的「高收益債」垃圾債就是屬於債券相關商品，特別股基金類似股票型的商品，平衡型基金就是包含了債券、股票或貨

幣等。這些理財的商品都有它們最合適的進出場點，必須搭配景氣的週期循環而運用，圖3-1的資產配置圖清楚的描述不同的商品投資位置，景氣循環週期包括衰退期、復甦期、景氣過熱和停滯通膨期（準備衰退或開始衰退期）。在衰退期時候，各國政府肯定是擴大財政政策及貨幣寬鬆政策，就如同2008年底時的措施，但底部尚未確定，投資人千萬別急著進場買入股票。然而，此時卻是債券商品投資的最佳時機，因為債券價格和利率走勢成反比，簡單說，利率下跌，債券價格上漲，此時降低利率，當然是債券價格低檔的轉折點，積極的投資人可以選擇「高收益債」垃圾債或是新興國家債券等相關商品，保守型就選擇一般債券投資。

　　當景氣擺脫衰退期進入復甦期時候，投資人可以先買入「可轉換公司債」、「特別股」等具有固定收益的收入又可以參與股

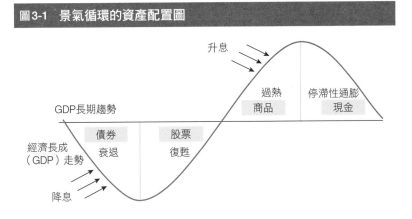

圖3-1　景氣循環的資產配置圖

票上漲的機會，此外，指數型的ETF例如台灣五十等，對保守型的投資人也是不錯的選擇，最大的好處就是避免個別公司的經營風險。參考總經面或技術面資料，當景氣確定回升時，投資人可以較積極的參與股票交易，選擇股王或是強勢股且資本額及籌碼集中的個股操作，例如2009年第二季開始，週線突破下降趨勢並呈現多頭排列。更積極的投資人可以選擇高槓桿的金融商品操作，例如認購權證、個股期貨或是選擇權等，提高收益。隨著景氣持續上升，也會帶動原物料等商品續漲，存股族就該逐步的出脫手中漲幅過大的股票，特別是升息超過三次後，務必處理手中的股票，即便是績優股在空頭走勢也難逃一劫，投資人可反手做空持有現金靜待下次機會的來臨。

　　景氣過熱會帶來物價的上漲，政府會開始考慮採取「升息」措施來抑制通膨的嚴重度，此時，千萬別碰債券相關商品，特別是避開「高收益債」垃圾債或新興市場債券商品，因為利率和債券價格呈反比，升息的結果會讓債券價格下跌，高收益債的損失更大，例如2015年至今高收益債或是新興市場債券商品價格的跌幅高達20%。這些連動的關係，投資人一定要謹記在心，不該重蹈覆策。

　　通膨到一定的程度就會抑制消費，接著就會出現所謂的「停滯性通膨」期，這階段類似2018年的情形，失業率及物價持續上漲但經濟並無成長的現象。此時，最佳的投資就是「現金為王」，可以選擇未來強勢貨幣持有，例如2018年中台幣從29元

走貶至31元。投資人要深記「歷史是會重演」的教訓，事實上，2008年金融風暴期間，台幣貶值超過34元，聰明的投資人在台幣升值高點時轉換成美元定存，也是符合圖3-1的資產配置方法。高手投資人此階段可以選擇放空的工具操作（參考第五章），多空皆賺。

現在我們了解了景氣不同時期的最佳投資工具和商品，但是景氣循環並非規律的週期，不過大約3~5年都有機會，可以搭配「景氣訊號燈」輔助判斷景氣週期，這些資料都會公告在網站（http://index.ndc.gov.tw/n/zh_tw），圖3-2紅燈代表景氣過熱，藍燈代表景氣低迷，股票族當然要注意這些訊號提示的買賣點，再根據貨幣政策的方向注意債券、原物料及強勢貨幣等其他商品的搭配運用。

景氣的高低轉折點，第二章已經詳細介紹，注意總經指標的變化，特別是台幣走勢和貨幣供給的轉變最為實用，例如2008年金融風暴，台幣貶值至2009年第一季，四月後止貶回升，貨幣供給也在同時出現了正成長。而技術面也是突破了週線下降壓力線，均線逐步呈現多頭排列，隨後龍頭股的財報營收連續三個月成長，才漸漸走出風暴陰霾。其實所有的專業資訊都提醒投資人轉折訊號，只是大部份的散戶只抱著「投機」的心態進入股市，血本無歸意料之中，一點也不意外。

根據景氣循環週期決定合適的投資標的，才能在理財世界裡長存，不過對小資族或是散戶而言，選擇標的確實是相當的苦

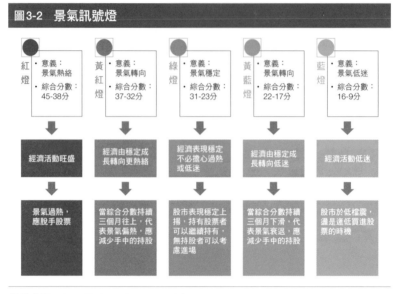

圖3-2　景氣訊號燈

紅燈	黃紅燈	綠燈	黃藍燈	藍燈
• 意義：景氣熱絡 • 綜合分數：45-38分	• 意義：景氣轉向 • 綜合分數：37-32分	• 意義：景氣穩定 • 綜合分數：31-23分	• 意義：景氣轉向 • 綜合分數：22-17分	• 意義：景氣低迷 • 綜合分數：16-9分
經濟活動旺盛	經濟由穩定成長轉向更熱絡	經濟表現穩定不必擔心過熱或低迷	經濟由穩定成長轉向低迷	經濟活動低迷
景氣過熱，應脫手股票	當綜合分數持續三個月往上，代表景氣偏熱，應減少手中的持股	股市表現穩定上揚，持有股票者可以繼續持有，無持股者可以考慮進場	當綜合分數持續三個月下滑，代表景氣衰退，應減少手中的持股	股市於低檔震盪，還是逢低買進股票的時機

資料來源：http://index.ndc.gov.tw/n/zh_tw

惱。事實上，基金的投資是相當方便，基金不僅可以投資海內外的市場，也涵蓋不同標的的商品，股票型、原物料、債券型及貨幣型皆有。而且進場額度門檻低，相當適合小資族或新手投資累積第一桶金的好工具。

除了2008年後連續大多頭時期，過去大部份的散戶投資人對「基金商品」的賠錢經驗倒是相當豐富。然而，根據作者自己親身的投資經驗，基金投資從未失利，因此，賠錢的原因不是「基金」的問題，是投資人不懂「最佳的進出場買賣點」，才導致基金投資賠錢收場。坊間有許多教導投資人基金投資的選擇方

　　法，但缺乏明確建議基金投資的進出場策略，本章節就不再多此一舉重複說明基本概念，直接簡化說明投資實務上的重點。

　　基金投資人的主要問題如下：如何選擇連結的市場或商品標的？基金公司的操盤績效評估？判斷買賣點的時機？事實上，搞懂以上三點化繁為簡就可以成為「必勝基金達人」了。

3-1

如何選擇連結的市場及商品標的

　　連結市場或商品標的可參考前文所建議，依據景氣循環的特性——衰退期、復甦期、景氣過熱和停滯通膨期（準備衰退或開始衰退期），依序做不同標的及商品，例如債券、股票、商品及貨幣的投資選擇。除此之外，希望報酬率較高的投資人，若投資股票市場，可以選擇新興市場，例如印度或東南亞等國家。債券投資也可以選擇高收益債（垃圾債）或是新興國家的債券商品，貨幣大多選擇強勢貨幣，金融風暴來臨時，日幣和美元都會升值，景氣高檔時可以將台幣轉換成未來將走強的貨幣持有。而保守的投資人，股票市場可以選擇歐美已開發國家為主，債券投資則以國債或績優股的公司債為組合的基金。相反地，當投資的標的或市場走空頭趨勢時，反手做空也是很具挑戰性的策略，請參考第五章的工具使用方法。

　　以2008年的景氣循環為範例，持續到2015年前的降息貨幣寬鬆政策，因為利率和債券價格呈反比，利率下降債券價格上

漲，圖3-1-1全球債券基金價格持續走揚，直到2015年確定利率
政策轉向，債券價格開始下跌，多空轉折明顯，價格跌幅達三
成。當債券空頭時，新興市場下跌風險更高，例如圖3-1-2連結
南非幣相關的債券，2014年1月南非央行利率為5.5%，之後升
息至2016年3月至7%，雖然2017年逐步降息，但因為全球債券
市場呈現空頭趨勢，加上南非幣弱勢表現，其淨值已經虧損近
30%。債券相關商品的多空趨勢及投資進出點，請務必掌握Fed
的利率風向球，掌握以上的重點，債券投資不求人。

　　除了可以選擇海外債券型基金投資，國內也有發行相關的商
品，可以直接證券交易帳戶下單，例如（圖3-1-3）元大美債20

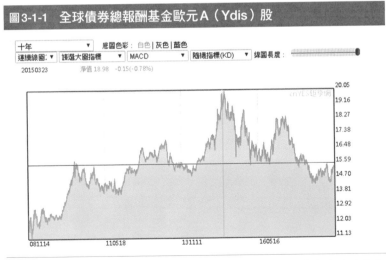

圖3-1-1　全球債券總報酬基金歐元A（Ydis）股

資料來源：https://fund.cnyes.com/detail/ 富蘭克林坦伯頓全球投資系列 - 全球債券
總報酬基 /B15%2C271/

圖3-1-2　新興市場債券B股南非幣收益（穩定配息）

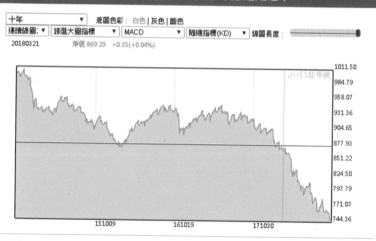

資料來源：https://fund.cnyes.com/detail/鋒裕匯理基金-（II）——新興市場債券B股/B32%2C161/

圖3-1-3　元大美債20正2基金（00680L）

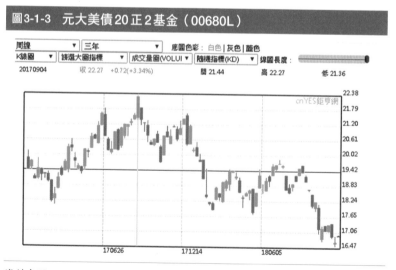

資料來源：https://www.cnyes.com/twstock/html5chart/00680L.htm

正2基金（00680L），當利率上升時，其價格走勢為下跌由22.27
元至16.64元，投資人可以選擇放空，或是買入該連結標的的認
售權證，參與升息的行情。反之，當利息由升轉降時，就該買進
持有，其價格走勢當然將上漲。

　　當景氣脫離衰退期的時候，就可以考慮投資股票型基金、特
別股基金或可轉換公司債交易，國內外股票型基金皆可參與，積
極型投資人可以選擇新興國家市場的股票型基金，報酬收益率較
高。以圖3-1-4泰國基金為範例，2008年起漲至2013年，波段漲
幅高達近五倍，隨著美股下跌，2018年4月創新高後回檔下跌，
投資人要注意若景氣確定進入通膨停滯期，則不宜再進行與股票

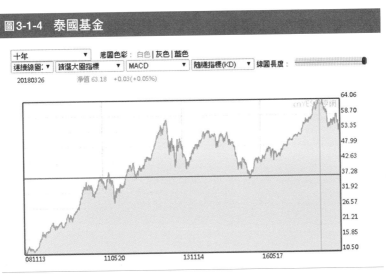

圖3-1-4　泰國基金

資料來源：https://fund.cnyes.com/detail/富達基金-泰國基金/B14%2C027/

相關的投資商品，建議分批贖回轉換成強勢貨幣為主，等待下波底部再進場。高手投資達人也可以趁多空轉折點出現，採取反向操作，搭配反向做空的基金佈局，兩手交易雙倍獲利。

　　景氣循環期進入過熱期時，就是原物料相關的商品表現的機會了，圖3-1-5原物料基金從2015年底開始上漲至2018年1月，漲幅高達80%。投資人只要掌握景氣循環圖，就可以輕鬆佈局合適商品進出點。原物料相關商品的價格飆漲就意味著末升段的來臨，投資人務必留意。2018年2月後價格持續下跌，超過15%的跌幅，就可能暗示著熊市的來臨。

圖3-1-5　原物料基金X股美元

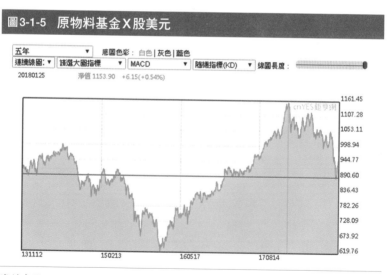

資料來源：https://fund.cnyes.com/detail/NN%20(L)%20原物料基金X股美元/
B33%2C024/

　　通膨停滯期就是準備進入衰退期的警訊，持有強勢貨幣「現金為王」當然是最安全的策略。但是市場上的貨幣型基金雖然價格穩定且安全，然而年化收益並不高（圖3-1-6），也要注意此類貨幣型基金是否有其他的投資組合，例如圖3-1-7的投資組合就包括了債券部位，假設此時的貨幣政策尚未結束升息趨勢，包含過多的債券部位就可能造成價格下跌，投資人須留意。

　　通常景氣衰退時間大約半年到一年左右，除了考慮選擇強勢貨幣型基金的資金暫時停留的商品外，選擇強勢貨幣的定存，方便解約，本金又不會被扣損，當然是最便利的方法之一。積極的

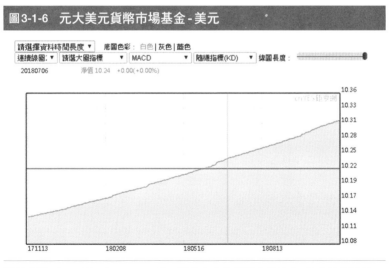

圖3-1-6　元大美元貨幣市場基金 - 美元

資料來源：https://fund.cnyes.com/detail/ 元大美元貨幣市場基金 - 美元/A05080/shareholding

圖3-1-7　元大美元貨幣市場基金-美元持股明細

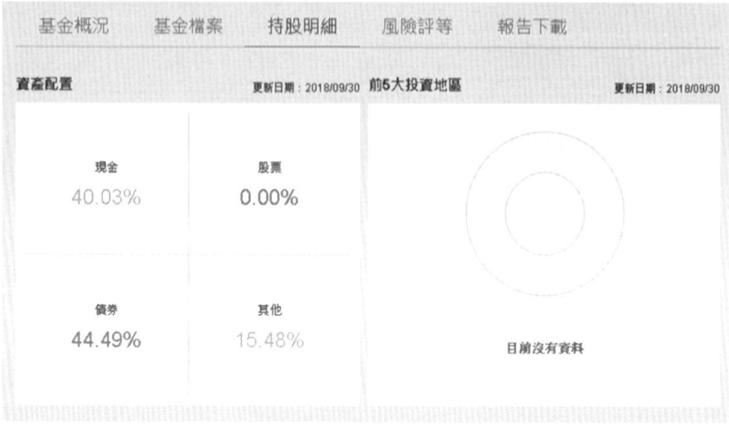

| 基金概況 | 基金檔案 | 持股明細 | 風險評等 | 報告下載 |

資產配置　更新日期：2018/09/30　前5大投資地區　更新日期：2018/09/30

現金　40.03%　股票　0.00%

債券　44.49%　其他　15.48%

目前沒有資料

資料來源：https://fund.cnyes.com/detail/ 元大美元貨幣市場基金-美元/A05080/shareholding

投資人若想提高貨幣投資的報酬率，也可以選擇與貨幣相關的高槓桿ETF（圖3-1-8），其漲幅將遠高於單存的定存及貨幣升值的利潤，更積極的投資策略，也可以選擇其ETF相關的認購權證。

　　至於黃金和石油的相關基金投資，除了政治問題外，基本上，這兩項商品的走勢和美元呈反向。例如2017年至2018年美元指數從103.82高點下跌至88.25，黃金指數則從1,122.5上漲至1,366，投資人可以掌握這樣的連動關係，買賣相關的基金或是ETF，現在的商品相當多元化，除了可以採取多空兩邊的操作，也可以搭配其他高槓桿的衍生性商品，例如認購權證和認售權

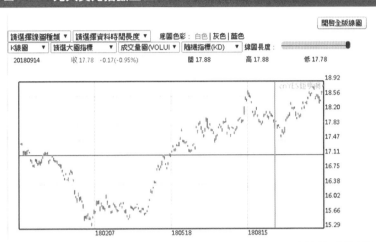

圖3-1-8　元大美元指數正 2ETF

資料來源：https://www.cnyes.com/twstock/html5chart/00683L.html

證，就可以提高投資的收益率。

　　近年來流行「多重資產組合」基金，換言之就是包括股票、債券及貨幣等投資組合的基金，平衡型基金也類似相同的概念。筆者強烈不建議交易這類型的基金商品，美其名是資產「分散風險」，但是當金融風暴來臨時，除了持有避險貨幣及反手做空外，任何基金大多是虧損。以實務上的操作經驗，單純商品標的化繁為簡，根據景氣循環進出，投資效益最高。

3-2
基金公司的操盤績效評估

　　投資人首先根據景氣的循環圖選擇好合宜的投資商品後，再依照自己的投資性格（積極型、保守型或是中立型），選擇波動大小差異的市場，積極型可以選新興國家市場，保守型的投資人就可以選成熟國家，接下來就是選基金公司發行的商品。

　　面對數以千計的基金商品，坊間提供很多選擇比較的方法，投資人可以善用許多網路上提供的免費基金搜尋平台，直接選擇商品。作者分享本身常用最便利的方式，完成以上的商品和市場的選擇後，會出現相同類似商品的不同公司發行的基金，投資人可以再根據三至六個月損益排行排序，選出在漲勢行情中，平均漲幅最多的，或是在跌勢行情中，跌幅較少的基金。因為基金經理人是基金操盤的靈魂人物，若可以在多頭時有超額的利潤或是空頭時候降低損失，表示這位基金經理人操盤功力肯定不同凡響。國內基金就有許多超級經理人，其操作的基金績效，表現相當優異，但是若基金經理人異動頻繁，就得注意該基金的未來，

一般提供的評估方法，大多運用歷史資料來審核，不代表未來走勢亦如過去一樣的表現。

　　因此，為了避免基金經理人的操盤風險，投資人可以更仔細地檢查所選擇的基金其投資組合內容，例如圖3-2-2這檔偏重在公用事業美元計價的海外基金，在2018年10月的大幅波動下跌的行情，價格的波動影響較小。

　　若是對海外基金或國外公司不熟悉，也可以選擇國內發行的基金，詳細瞭解其投資組合，圖3-2-3和圖3-2-4分別將其基金的前十大持股部位詳細登錄，讓投資人一目了然，積極的投資人也可以選擇其中的個股投資。

　　拜科技之賜，透過網路平台就可以充分掌握投資的資訊，每檔基金都有完整的內容，包括基本資料、投資組合和風險評估。

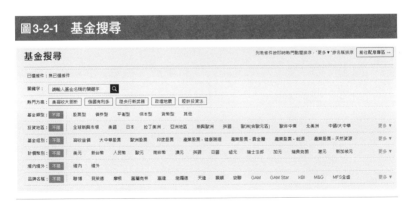

圖3-2-1　基金搜尋

資料來源：https://fund.cnyes.com/search/

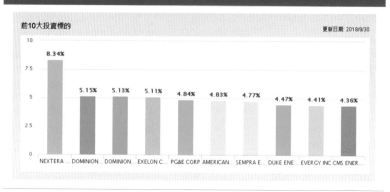

圖3-2-2　基金投資組合

資料來源：https://fund.cnyes.com/detail/富蘭克林公用事業基金美元A股/
B15%2C001/shareholding

圖3-2-5這檔平衡型基金是屬於股債混合型，股票佔65.94%，債
券佔22.19%，投資主要標的包括台積電、台塑、台化及中央公
債等穩定的標的（圖3-2-8）。

　　實務上，個人不太建議投資平衡型基金，除非股債皆多頭行
情，依據景氣循環，選擇單純的標的連結，無論是進場或出場停
利，都比較方便評估。

　　關於夏普值、標準差和Beta值，實務上這些數據的參考值
都是歷史的資料，不代表基金經理人未來的操盤走勢也會如此，
根據基金公司提供的定義如下，投資人了解即可，僅供參考。

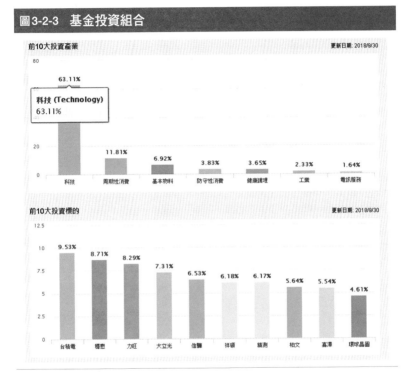

圖3-2-3　基金投資組合

資料來源：https://fund.cnyes.com/detail/國泰國泰基金新台幣級別/A45MnY1/
shareholding

夏普值

　　夏普值在量化指標中可同時用來衡量報酬與風險，代表投資
人每多承擔一分風險，可以拿到幾分報酬；當夏普值為正值，代
表基金報酬率相對於定存等無風險利率具有超額報酬。

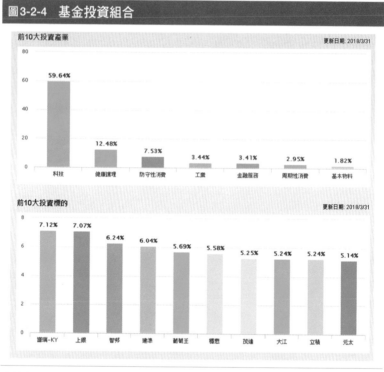

圖3-2-4 基金投資組合

資料來源：https://fund.cnyes.com/detail/ 元大精準中小基金 /A13010/shareholding

標準差

標準差是用來評量基金的波動度也是風險判斷的指標之一，波動度愈高，代表報酬的不確定性愈大，可能是向上的報酬，也可能是向下的報酬。

圖3-2-5　基金基本資料

基本資料　　　　　　　　　　　　　　　　　　　更新日期：2018/09/30

基金名稱	摩根平衡基金		
基金名稱 (英文)	JPMorgan (Taiwan) Balanced Fund		
基金管理公司	摩根證券投資信託股份有限公司		
基金經理人	葉鴻儒 (2017/01/09)		
基金規模	TWD 1,816,455,625 (2018/09/30)		
基金註冊地	台灣	投資地區	台灣
計價幣別	新台幣	基金組別	股債混合(平衡型)
晨星組別	新台幣平衡型股債混合	ISIN	TW000T1114Y5
基準指數		成立日期	2000/09/28
風險評等	RR3	晨星評等	★ ★ ★ ☆ ☆

資料來源：https://fund.cnyes.com/detail/摩根平衡基金/A11016/document

圖3-2-6　基金風險評等

風險資料　　　　　　　　　　　　　　　　　　　更新日期：2018/11/08

	1年	3年	5年
夏普值	-0.76%	0.37%	0.06%
標準差	10.31%	8.66%	8.98%
Beta值	--	--	--

資料來源：https://fund.cnyes.com/detail/摩根平衡基金/A11016/document

Beta 值

基金相對於市場的敏感程度，也就是基金會跟隨市場指數變化的程度，ß值越大，基金報酬率相對於全體市場報酬率的波動性愈大，表示該基金的風險及價格上升的潛力也越大。

圖3-2-7　基金資產配置

資料來源：https://fund.cnyes.com/detail/摩根平衡基金/A11016/document

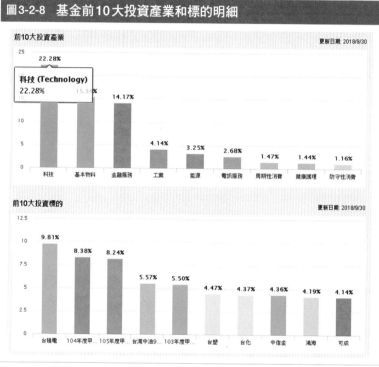

圖3-2-8　基金前10大投資產業和標的明細

資料來源：https://fund.cnyes.com/detail/摩根平衡基金/A11016/document

3-3
基金獲利買賣點最佳時機

　　投資人完成了市場選擇及基金商品的決定，最後步驟也是最重要的環節就是「如何進出場」？基金的投資大多是中長期的投資週期，總經面的資訊是確定多空轉折的訊號（請參考第二章第一節），單純以技術面操作基金的買賣點也是可行。投資人可以根據自己的投資週期決定參考月線或週線，基本上，假設要買進泰國基金，必須先看泰國股市指數的月線和週線，單純運用KD指標，當月線黃金交叉時買進，死亡交叉時賣出，根據實務經驗年化平均報酬至少有20%，積極的基金投資人則可以觀察週線，當週線低檔指標背離，出現轉折訊號買進，反之，當週線高檔指標背離賣出，通常平均年化報酬率可以拉高到30%，如此一來就不用擔心退休金的缺口了（技術分析專業內容請參考第二章第二節）。

　　2008年前大部份散戶對於基金的投資都感覺挫折，因為許多都是大賠出場，然而，任何投資理財商品虧損的主因都是不清

楚「進出買賣點」，就一窩蜂的投資買進，因此受傷。如果能依據前文提醒按部就班的選擇最合適的商品和買點，就不該再有負報酬的虧損。這幾年由於全球資金寬鬆成就了許多「基金」績效非凡，然而，舞會終將散場時，才知道誰是最後的贏家。特別提醒這一兩年瘋狂買進高收益債、特別股基金和存股的投資人，歷史即將重演前，先做好避險策略吧！

第四章

銀行熱銷理財商品停看聽

　　記得 2006 年左右，當時我還在上市證券公司債券暨衍生性商品部服務，某天一群來自香港投資銀行的高級主管來辦公室做商品簡報，希望部門能投資。現在回想就是類似「雷曼連動債」的投資商品，由於身為債券部專業工作人員，對於商品的風險意識較高，同時深入瞭解後也發現若發行商一旦違約，可能血本無歸，因此婉拒了此商品的推薦。沒想到這樣的商品竟然透過銀行財富管理的管道，藉由高手續費的誘因，銷售給不具投資專業的散戶投資人，而導致日後聞風色變的「雷曼事件」，甚至造成許多的退休人士損失慘重。

　　當時我們之所以婉拒這樣的商品，除了本身專業了解外，也知道許多的外國投資銀行擅長利用這樣的商品來「轉嫁風險」。事實上，雷曼的商品就是外國的銀行害怕景氣反轉造成損失，將風險資產包裝賣出給新興國家的投資人。由於近年來衍生性商品的風行，許多的商品運用「衍生性」的組合包裝，讓投資人只認得外表收益的糖衣，完全不懂內藏「毒藥」的破壞力。例如雷曼連動債商品就是發行銀行付出權利金向投資人買「保險」，而投資人不懂商品虧損的嚴重性，只貪圖那微薄的「權利金」，最後血本無歸。投資人可能還是不太理解這些遊戲規則，我以下面範例說明。

　　假設某公司有 100 張台積電，股價從 60 元漲到 300 元，市價3,000 萬，雖然看好可能續漲，但是也擔心下跌的風險，因此找了 A 投資人交易一年期「台積電連動債」商品。某公司付給 A 投

資人年化10%的權利金，大約300萬（3,000萬×10%），但若是台積電在這一年內跌超過10%，公司就有權以270元的價格賣給A投資人。這樣的結構就是公司買入一個賣權，而A投資人賣出一個「賣權」。對公司而言，確定了台積電即便跌到100元，依舊可以以270元賣給A投資人，公司扣除了權利金的支付，每股還是有保證240元的價值。然而，這個交易對A投資人的獲利僅有每股30元價值的賣權權利金，所承受的風險卻可能損失全部權利金外，還得用270元去買入台積電現股。事實上，投資人常常「不懂」這衍生性商品的風險，而被理專誤導以為「賣權權利金」為安全的「利息」收入。當股市多頭市場時，這樣的商品大多安全過關，然而當空頭走勢時，全部的下跌風險就都由A投資人來承受，最差的狀況就如同「雷曼連動債事件」，一無所有。基本上，近年來的衍生商品事件都是類似「賣出賣權」的結構，才會造成投資人重大損失。例如南非幣、人民幣、日幣TRF都是類似的結構性商品，許多台商或貴婦蒙受損失而上報。

　　此外，2008年隨著寬鬆貨幣利率的下跌，債券價格大多頭多年，而2015年聯準會利率政策開始轉向，國外投資人較聰明，知道利率和債券價格「負相關」，陸續的贖回獲利債券相關商品。然而，台灣此時處處可見大力推廣外銀包裝的高收益債商品（垃圾債），不少投資人也是爭先恐後地搶進。台灣的散戶投資人天真浪漫的以為收到「高收益」的利息是穩定的投資，卻忽略了商品本身的高風險，除了升息會造成債券價格的下跌外，連

投資人民幣TRF民眾慘賠732億元

2018-04-24 11:36 中央社　記者蔡怡杼台北24日電

　　人民幣TRF商品曾讓國內不少投資人慘賠，讓金融機構聞之色變，金管會表示，人民幣TRF商品造成客戶淨損失高達新台幣732.54億元，目前TRF等複雜性高風險商品交易已回歸正常。

　　根據金管會統計，自103年1月至106年6月，各銀行客戶操作人民幣TRF商品已到期契約實現淨損失高達732.54億元，各銀行103年1月至106年11月累計轉銷呆帳超過94億元，且截至106年11月因應客戶違約提撥備抵呆帳總額高達74億餘元。

　　根據金管會統計，截至107年4月13日，TRF等商品爭議案件共290件，銀行已配合處理件數，包括達成和解、銀行接受調處結果、進入仲裁等共206件，佔比逾7成，尚在處理件數共84件。

結國家或是公司的違約也會使投資人承受損失，這些風險在交易契約中皆有「白紙黑字」明示，然而投資人大都「視而不見」，直到虧損後才求助無門。

　　除了以上的理財商品外，保險公司多年推行的投資型保單也

高收益債券基金連續七周失血

2018-03-05 18:03 經濟日報　記者張瀞文／即時報導

市場雖然預期美國聯邦準備理事會（Fed）將加速升息，但資金持續回流投資級企業債與新興市場債基金。高收益債券基金已連續七周失血，累計今年以來已失血244億美元，但流失金額逐周下滑。

摩根環球高收益債券基金經理人庫克（Robert Cook）指出，Fed樂觀看待經濟前景，加上物價及就業等數據明顯優於預期，投資人擔憂通膨增溫引發貨幣政策加速收緊。市場預期，Fed今年可能升息四次，每次升息1碼（即0.25個百分點）。

是陷阱重重，投資人必須更專業的清楚分辨，才不會變成了「不保險」保單投資。例如2018年第三季土耳其貨幣波動劇烈，台灣國內竟然有1,387億元的曝險部位，相信很多散戶投資人都不清楚自己投資了「土耳其」國家的理財商品吧？歷史總是重複的發生，任何商品投資獲利的不變法則就是在對的時間買賣，如果無法清楚了解商品的內容，千萬別被外表的包裝吸引，到時虧損就怨不得人了。

委內瑞拉債務違約啟動16億美元相關CDS結算

2017-11-17 08:24經濟日報　記者劉忠勇／即時報導

　　國際互換及衍生性商品協會（ISDA）委員會周四認定，委內瑞拉及其國有石油公司（PDVSA）延遲償債，已經觸發結算相關債務的信用違約交換合約（CDS）。

　　ISDA認定委內瑞拉及PDVSA已經發生「未能償債」的信用違約事件後，逾15億美元的相關信用衍生產品將受到影響。根據ISDA統計，與委內瑞拉債務相關的淨押注為13.4億美元，與PDVSA相關的淨押注為2.5億美元。

　　ISDA在官網表示，委員會下周將開會討論舉行拍賣以結算相關CDS交易的利率。當發生信用違約事件時，CDS賣方將承擔買方的損失。

　　惠譽周一宣布PDVSA違約，稱該公司一再拖延償付。該石油公司10月中旬未能如期支付2027年到期債券8,000萬美元應付利息，並且寬限期也已在上周末結束。標準普爾也宣布委內瑞拉違約。

　　不過，如果委內瑞拉政府依承諾償付債務，ISDA的裁決等於表示，部分投資人會拿到兩筆支付。因為CDS既已結算，持有債券並以CDS避險的投資人兩方面都會拿到錢，倒是藉放空債券來避險的CDS賣家勢必蒙受損失。

國內金融機構及投資人在土耳其曝險1,387億元

2018-08-13 18:18經濟日報　記者邱金蘭／即時報導

　　近日土耳其貨幣劇烈波動，引發國際市場關切，金管會今天公布國內金融機構及投資人在土耳其的曝險部位，合計有1,387億元。金管會表示，到今年6月底，銀行、保險、證券等國內金融機構，及投資人透過基金，對土耳其曝險額合計1,387.08億元，金管會已密切注意土耳其貨幣危機發展情形。

　　金管會表示，銀行業在土耳其曝險總額為173.64億元，占銀行業淨值4兆的0.4341%，總資產60兆的0.029%，比率不大。證券業僅有證券商自營部位在土耳其有價證券曝險500萬元，占證券期貨業總資產約2兆元比率微小；另國人透過投信基金及境外基金持有的土耳其暴險部位，分別為92億元及340億元，各占其基金淨值0.37%與0.97%。保險業投資土耳其曝險金額781.39億，占保險業資金23兆4,864億的0.33%，比率不大。

　　投資世界裡不變的法則就是「人多的地方千萬別去。」同時高報酬的商品就是具有高風險，因為天下沒有白吃的午餐，投資市場的「八二法則」，專業是重要的決定因子。然而，難道這些

商品都不適合投資嗎？其實不然，商品本身並沒有任何錯誤的設計，上一章節已經介紹在經濟週期、景氣過程循環中如何配置各類的金融商品，事實上，投資會賠錢的原因都是「在錯的時間遇到錯的人」，遺憾就這樣發生的。

本章節將針對近年來熱銷理財商品，例如人民幣TRF、高收益債、連動債、投資型保單、特別股或是存股投資，一一剖析其優缺點，且建議何時才是最合適購買？專業理財才是散戶自保的最好方法。

4-1

人民幣TRF

　　人民幣TRF是2014年左右相當熱門的金融商品，也造成客戶淨損失高達新台幣732.54億元，主要投資人大多是企業法人或是高資產人士，其中不乏是貴婦董娘因為信任理財專員的介紹而投資。

　　首先，先了解何謂TRF？其中文翻譯為目標可贖回遠期契約（Target Redemption Forward），屬於選擇權類的衍生性金融商品契約，其連結的標的可以為外匯或其他商品，契約買方和賣方對同一連結商品的「未來走勢」方向是相反的，預測錯誤的一方除了價差乘上本金的虧損外，還得乘上槓桿倍數，此交易不僅輸贏波動大外，還有不平等的交易法則，投資人必須被約定一個時期，即使賠錢也不能提前結束，但是銀行發行端可以選擇性出場。TRF合約期通常分為12個月或24個月，結算期數可以每週、隔週或是每月，契約內約定好履約價和保護價，在每期的結算日比價，來評估投資人賺取或損失的金額。

以下面人民幣TRF範例說明：

名目本金：100萬美元

履約價：6.15

保護價：6.2

槓桿倍數：2倍

中止價：6.05

評價情況一：人民幣貶至6.15至6.2，投資人損益兩平。

評價情況二：人民幣貶破6.2，投資人必須以6.15匯價換人民幣，計算期價差虧損再乘上槓桿賠給銀行。此商品為獲利有限但虧損無限的衍生性商品。

結算當日人民幣匯率走貶來到6.25匯價，低於上方保護價6.2的匯價，投資人將有20萬美元的虧損（本金×匯差×槓桿倍數＝100萬美元×〔6.15-6.25〕×2）。

評價情況三：若人民幣漲超過6.05（中止價），銀行有權力停止契約，投資人可以用6.15的匯率買入人民幣。

賺取10萬美元匯兌收益

（本金×匯差＝100萬美元×〔6.15-6.05〕）

買入這類商品的投資人對人民幣的預期就是希望升值，然而根據我所了解，大部份投資人對匯率的走勢是不清楚的，也不了解風險無限的危險，只是期望賺取選擇權的權利金，才會出現如此巨大的虧損。

作者本身的親友中也有遇到這樣的虧損經驗，提供了他2014年當時承作的商品和條件如下：

賣出美金兌人民幣TRF

美金兌人民幣即期參考報價：6.0279

名目本金：美金20萬

評價方式：每月比價一次／最後兩個月每個禮拜比一次／
　　　　　兩年期（最多30次）

履 約 價：6.1400　保護點：6.3000

情境分析：

1.比價匯率≦6.1400客戶可賣出美金15萬在6.1400

2.6.1400＜比價匯率≦6.3000無任何收付

3.比價匯率＞6.3000客戶需賣出美金20萬在6.1400

相信讀者看到這段商品評價方式可能就昏了，事實上，我相信百分之八十的投資人還真的不懂這是什麼？往往理專對他們的解釋都說是「利息」，然而，這卻是獲利有限的「權利金」，風

險無限的選擇權交易。簡單的說明就是你和發行端（銀行）對賭的交易。以這個商品而言，投資人賭人民幣不會貶值，而銀行端賭會貶值。我們來看圖4-1-1人民幣在2014年的價格，銀行端選擇在此時發行人民幣的TRF，剛開始都順利過關，但是不到一年就輕易的突破保護點6.3直奔到2016年中6.9左右才休息，一路走貶的情況，造成投資人必須以6.14執行交易，當然造成損失慘重。

　　其實TRF商品本身設計並沒有錯，投資賠錢的問題是在於「進場點」，投資這類商品該如何自保呢？「技術分析」是最簡單的方法。例如當銀行推薦這商品剛好在2014年開始「熱烈推

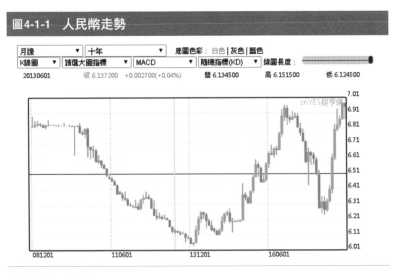

圖4-1-1　人民幣走勢

資料來源：鉅亨網

銷」，圖中人民幣已經突破下降壓力線，站上均線同時多頭排列，換言之，「技術分析」早已經告知人民幣不再升值而且趨貶，投資人若了解「技術分析」的專業，就能逃過此劫。相反地，應該是投資人賭貶，而讓銀行端賭升值，交換操作就是贏家了。

或是將這商品的條件調整「履約價」或「保護價」，並且挪到貶值至轉折點再賣出這類型的賣權，就可降低賠錢的機率。

不過通常銀行也不是傻子，當然不會讓投資人如此隨心操作，除非你是主力大戶才能根據自己的需求「量身定做」。為何發行端需要發行這類的商品？其實除了客戶「量身定做」外，大多是因為本身「避險」需要。多年前某「壽險公司」大力推銷某外幣的投資型保單，當時造成搶手熱銷，但「人多的地方必出事」，結果投資人也是承受了幣值貶值賠錢的結果。

作者這位「好野人」朋友因為承受了人民幣TRF的損失，可他的「天才理專」又在2015年10月建議他投資日幣TRF，而且又胡亂地說這「權利金」是來補償他的損失？我幫他仔細看了內容，提醒他這位「理專」真的不該如此建議，首先他為了提高權利金金額來補人民幣TRF的損失，將名目本金提高五倍，等於把風險也提高五倍。其次，看了日幣的走勢後，真的讓人心驚膽跳，直接請我的朋友千萬別買，因為日幣技術分析的趨勢是走升。而此商品投資人是賭貶值才會贏的權利金。

交易日期：20151015

商品：USDJPY 選擇權

名目本金：美金 100 萬

上觸價：119　履約價：116.5　下觸價：111.5

評價方式：每月一次／一年期

情境分析：

若「失效事件」沒有成立：

（A）第 1 期至第 11 期皆無交割

（B）第 12 期

1. 若比價匯率大（等）於觸價失效價在 116.50，客戶於該期
   交割日時無交割之權利或義務。

2. 若比價匯率小於觸價失效價 116.50 且大（等）於歐式觸價
   生效價 111.50；客戶於該期交割日時無交割之權利或義務。

3. 若比價匯率小於歐式觸價生效價 111.50；客戶於該期交
   割日時須以履約價 116.50 買入美金 2,000,000／賣出日元
   （註：採美元差額結算）

　　理專 2015 年 10 月推薦了日幣的 TRF，圖 4-1-2 日幣週線明顯
地看出已經跌破 20MA，日幣均線一旦成空頭排列，日幣絕對大
幅度的升值。果然，不出半年的時間，日幣狂升破 100 大關，假
設投資人不懂分析日幣的走勢，相信理專的推薦貿然買進？又擴
大名目本金，必須以 116.5 交割，結果可想而知，慘不忍睹。

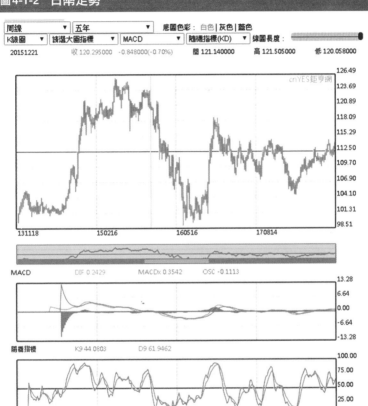

圖4-1-2　日幣走勢

資料來源：鉅亨網

　　近年來除了人民幣、日幣或是南非幣都傳出巨大災情，造成貨幣如此加劇波動的主要原因，從2008年的寬鬆貨幣政策及貿易戰爭的事件，皆會導致匯率的波動變大，投資人可能對這些政

策的方向並不明瞭，但依舊可以運用「技術分析」趨吉避凶。當然，最重要的投資法則，「不懂的商品千萬別碰」，千萬別被理專主導，任何商品都要確認最差的狀況為何？清楚商品的風險和投資過程，自然就不再輕易被騙了。

4-2

高收益債（垃圾債）基金

　　2008年金融風暴後，全世界央行皆採取寬鬆貨幣政策，導致利率直線下降，利率下跌債券價格相對上漲，也經歷了多年的長多走勢，直到2014年11月寬鬆貨幣政策轉向，利率轉向升息的趨勢，2015年年底開始升息，後續兩年持續加息，甚至於2017年底開始收縮資產負債表。隨著利率的升高，債券價格自然隨之反應，2015年高收益債券大幅度的下跌。有趣的是，非投資等級的高收益債（垃圾債）已經陸續被包裝成不同類型的基金，廣受台灣投資人的歡迎，也瘋狂地買進。類似這樣的商品被引進超過幾百檔，其中有檔最著名的高收益債基金，台灣投資人佔八成的額度，高達3,000億，令人咋舌！

　　這些高收益（垃圾債）基金除了吸收美國某些非投資等級的高收益債部位之外，大多投資以當地幣值計價的新興國家債券，因為要創造高收益的報酬率，當然就得選擇風險高的標的，但是當理專在銷售這些垃圾債基金時，通常都只跟投資人強調這些年

化高達7~10%「高配息」的收益，卻忽略了升息後本金價格損失的問題。事實上，前一波反應升息後，此類債券基金的價格跌幅甚至高達20%，不到一年損失了三年的配息？甚至近期又宣告「降低配息率」，這些問題投資人必須在交易前了解。

除了高收益債券基金的瘋狂銷售外，就在這升息的路上，2016年8月繼續推出「目標到期債券基金」，截至2018年7月，從39億台幣成長近800億元，銷售人員甚至以「保證保本保息」來推銷，真實是如此嗎？作者隨便拿了類似的商品廣告單，最後一行都會註明「以上配息均為試算，以市場最新報價及客戶實際入帳金額為準」，這段話的白話文就是，「試算」代表配息不一定喔，「最新報價」等於基金價格會變動喔，無法確定保本，以「客戶入帳金額」直接提醒你，如果標的公司沒倒，債券發行公司也沒倒，入帳後才算是你的！事實上，因為銷售人員的「保證保本保息」誤導而熱銷的到期基金或連結投資型保單，已經被主管機關注意了，會被大人注意的商品，肯定有些問題。

諷刺的是當國外投資人因為升息因素紛紛逃離高收益（垃圾債）債券商品，而台灣投資人卻在這幾年瘋狂買入，感覺就是幫外國人出貨，真的讓人擔憂啊！Fed預計2019年持續升息，加上資產負債表縮減，除非態度反轉，否則債券價格還有主跌段的空間啊！

其實任何商品都有其最佳的「買賣點」，債券價格既然跟利率呈反向走勢，最好的買點當然就是如同2008年金融風暴時，

ETF資金湧入長期美債出逃垃圾債

鉅亨網編譯黃意文 2018/09/26

《彭博社》報導，隨著美中貿易戰持續升溫，以及美國聯準會（Fed）預期將在本週升息1碼，資金流入追蹤長期美債的ETF，同一時間，投資者將資金撤離垃圾債ETF。債券交易者正在降低投資風險，投資者在9月從iShares iBoxx高收益公司債ETF（HYG）撤離24億美元的資金，單月資金外流的程度正接近歷史新高紀錄。

全世界央行開始寬鬆降息的時候，就是債券價格最低點，保守的投資人可以買國家級的債券，積極型的投資人就可以選擇「高收益債」垃圾債等級的基金，因為這類型的基金未來報酬率最高。任何債券型基金的最佳停利點，就是當Fed開始升息時賣出，甚至反向放空債券商品，這樣正確的週期性操作才是獲利法則。

知道債券型相關商品最佳的投資買賣點，接下來要了解債券投資的其他風險，除了利率的風險，還有提前贖回的交易成本，以及在景氣衰退時期，高收益債的標的公司的違約風險。此外，匯率風險也是影響甚巨，例如2018土耳其幣大貶，還有先前南非幣大貶，更加重相關債的跌幅。圖4-2-1某檔南非幣計價高收益垃圾債淨值走勢，從2014年第一季，隨著貨幣寬鬆政策的

轉向，淨值直直落，跌幅近20%，基金的十大持股組合，看到巴西、土耳其還有南非，應該惡夢連連，至少準備套五年以上吧！

　　投資人總以為債券是安全的投資商品，固定配息很開心，但只要是投資商品皆有風險，連最安全的存款在銀行倒閉後，也是只能領回基本保險的金額。每一檔高收益債其實都會註明風險事項，只是銷售人員避重就輕，甚至沒有明確告知風險，例如關於配息也警示的明白寫出「配息來源可能為本金」，不知道台灣投資人是真傻還是錢多，已經升息的環境下，還敢大額投資這類商品。

圖4-2-1　南非幣計價高收益垃圾債淨值走勢

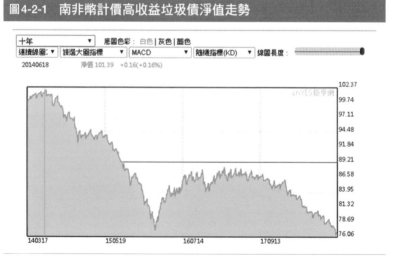

資料來源：https://www.moneydj.com/funddj/ya/yp010001.djhtm?a=ALBB7

圖4-2-2　南非幣計價高收益垃圾債前十大投資標的

投資標的	資產百分比%
US TREAS BDS 8% 11/15/21	3.23
US TREAS BDS 8.125% 08/15/21	2.18
US TREAS NTS 2.25% 02/15/27	2.09
NOTA DO TESO 10% 01/01/21/BRL/	1.89
MEX BONOS D 7.5% 06/03/27/MXN/	1.86
TURKEY GOV 11.1% 05/15/19/TRY/	1.01
AB SICAV I - EMLCD ZT	0.90
US TREAS BDS 8.125% 05/15/21	0.84
AB FCP I-MORTG INCOM-SA USD	0.60
AB EUROPEAN HIGH YIELD PORTFOLIO /LU0496389577/ /EUR/	0.59

資料來源：https://www.fundrich.com.tw/fund/029103.html?id=029103&gclid=EAIaI
QobChMIt6esi5_b3QIVhAQqCh3o8AglEAEYASAAEgLnFPD_BwE# 資產配置

　　因此投資債券相關的商品最重要就是掌握利率升降的「轉折點」，這些轉折點不像個股可以運用「技術分析」判斷，但是只要注意Fed的利率會議的方向球，通常都會清楚的了解利率的動態。例如以2018第三季而言，美國利率傾向緩升，台灣則是中立，大陸由於中美貿易戰爭原因，傾向寬鬆。就債基投資人而言，搭配人民幣貶值是否不再惡化，投資大陸債基可能是獲利機率較高。

　　除了以上的高收益債券商品外，許多利率衍生及貨幣連動商品也是相當複雜，例如以下的商品：

時間：2018年

天期：15年

計價：美元

標的連結：

指標A：美元10年期固定期限利率交換報價（USD CMS 10Y）

指標A：美元2年期固定期限利率交換報價（USD CMS 2Y）

評價方式：

本產品三個月一期，每季觀察一次，每季配發收益。

各收益計算期間之收益（稅前）：

第一年至第二年：投資本金×9%×1/4

第三年至第十五年：投資本金×7%（指標A－指標B）×1/4

第三年至第十五年：各期收益下限為0%，上限為1.625%（年化6.5%）

提前到期條款：

生效日＋3個月起，發行銀行有權提前終止。

附註說明：

客戶不需支付手續費，投資本金為100%，提前贖回不保證100%本金。

一般投資人可能看到前三行，知道發行計價為美元，後面就開始恍神了，完全不懂評估條件內容，接下來理專會告訴你，就是第一年和第二年都領9%利息喔！之後看這兩個指標相減數字乘上7%年化報酬率，就是你可以收到的收益了，比定存好且高很多喔！投資人眼中只看到9%、7%，利率好好啊，再加上貌美如花的理專推銷，直接簽名買入，這樣的劇情每天無數的個案重複演出。

正確的投資方法是，首先瞭解投資年限，第二連接標的，第三投資收益及風險。以這檔商品為例，雖然前兩年保證共18%的報酬率，但是後面13年的收益就是機動，雖然公式中以7%年化報酬率代入計算，但以美元10年期固定期限利率交換報價減去美元2年期固定期限利率交換報價，若其數字為零，投資人當期就是0%報酬率。所以投資這類商品必須注意美國景氣走勢，假設未來景氣衰退，兩者價差就會是負值，銀行選擇在2018年景氣高點發行，實在居心叵測。此商品最好的買進點是美國景氣剛由谷底轉折向上，未來景氣將持續好轉的時間點，投資人的勝率就大大的提高。

除了進場時間點及連接標的的風險外，這些商品的其他風險都在商品的廣告單或是交易契約書上皆有註明，只是理專都忽略了提醒投資人，僅著重在完成商品交易。其實以這商品條件就可以了解風險，第一是契約年限15年，萬一期間需要資金想提解贖回，是無法保證100%本金可以贖回，第二是贖回價格必須依

據發行商的報價為主，投資人無法得知價格的合理性。第三是美元計價商品就是會有匯率的風險，第四是連結標的為利率的商品，利率的變動也是風險之一。最後當然是發行商的風險，如果發行商為雷曼兄弟，即便是100%保本型商品也是化為虛有血本無歸。總而言之，當理專跟你說明三次，你還是沒聽到有任何風險提示，就別交易這商品了，因為任何投資理財的商品都有其風險。

4-3

連動債理財商品

　　造成2008年金融風暴的禍首之一「雷曼連動債」事件，相信投資人應該不陌生吧？當年相關商品造成超過二萬名的受害者，連動債累積金額超過上兆的台幣，其中超過四分之一的連動債並非保本型，許多退休族的退休金一夕歸零，災情慘重。究竟這是何等商品竟然有如此的毀滅力？這類型的衍生性商品並沒有因為2008年事件發生後而消失，事實上，這類商品可以連結不同的標的，例如匯率，股票或其他商品等等，這幾年還是依舊活躍的存在於各衍生性商品或是結構型保單，之前人民幣TRF就是類似的商品，結果也是慘不忍睹。

　　為何這類型的投資虧損常在台灣發生？事實上，在歐美國家這類的商品僅允許法人機構投資，只有在台灣將這類的商品包裝成「固定收益」理財商品推銷給零售端的散戶，真的是完全不懂商品的風險，投資人傻傻地以為「連動債」也是屬於「債券」的

商品，應該是穩定收益且保本，而理財專員為了銷售獎金，也沒有盡責地向投資人解釋清楚投資風險，才導致如此的悲劇。而這類型的悲劇還是繼續地發生，例如在股市高檔及升息時，銷售連接海外標的的高收益債（垃圾債）、特別股等基金，真的令人不寒而慄。

　　事實上，還是一樣的邏輯，沒有不對的商品，只有不合適的買點，連動債本身屬於結構型商品之一，結構型商品分為保本型商品和股權連結商品，連結標的不限於股票，涵蓋任何金融商品，例如連結匯率、利率等等。

　　保本型商品組合為固定收益加上買入買權（賣權），因為是選擇權買方，所以若連結標的走勢誤判，頂多損失權利金的風險，本金可依據保本率而保留，除非商品發行商倒閉，否則安全性相對較高。而股權連結商品（連動債），組合為固定收益加上賣出買權（賣權），投資人收取權利金，萬一連結標的走勢不如預期，投資人就得承受全部風險。例如，投資人承做賣出賣權的台積電連動債，台積電現股200元，履約價180元，投資人得到了本金年化10%的權利金，如果此連動債到期時，台積電股價是250元，投資人就僅有那權利金收入而已，若台積電股價跌至100元，連動債的投資人必須以180元向賣方（發行商）買入台積電，100至180元的損失由連動債投資人完全承受。

　　事實上，由以上的損益分析，連動債投資人從這商品得到的收益僅僅只有權利金而已，但是連結標的下跌的風險卻完全屬於

投資人。就是因為這樣收益有限卻風險無限的特殊性，怕投資人專業度不夠無法承受巨大損失，在歐美國家，大多僅限於法人機構承做。不過，歐美國家在2008年前將這些商品包裝銷售到亞洲國家，其動機也是令人質疑。這類型的商品難道如毒蛇猛獸嗎？其實不然，如果瞭解連動債的商品結構，善加運用，還是可以如期獲利，不至於造成如「雷曼事件」的慘劇。

在台灣大多發行賣出賣權的連動債，根據賣出賣權的邏輯，想穩定獲得權利金，連結標的必須是看漲的方向，以圖4-3-1為例，假設此商品連結標的為國巨，國巨連動債若承作在週線均線多頭排列，從200元漲到1200元這個時期，投資人就可以平安的領到權利金，反之，若從跌破1200元轉折走空，而承作賣出賣權的連動債，當然必死無疑。此時該轉向承作賣出買權連動債，自然可以平安渡過下跌風險。

如此複雜的金融商品，實在不該讓散戶在無法充分瞭解其風險的情況下，僅將「賣權權利金」以「固定利息」誤導散戶投資人，導致全部家當血本無歸，情何以堪。

發行商為何想要銷售這類的商品呢？投資人賣出賣權收取權利金，承擔連結標的的下跌風險。相反地，發行商付出賣權的權利金，買入賣權的目的為何？懂得專業的投資人應該很清楚了，就是為手上的標的買保險，一旦連結標的的趨勢反轉下跌，就不需要承受損失了。手上有現貨搭配買入賣權，學理上稱之為「空頭避險」，特別在股市高檔時候，專業投資機構或法人常常運用此

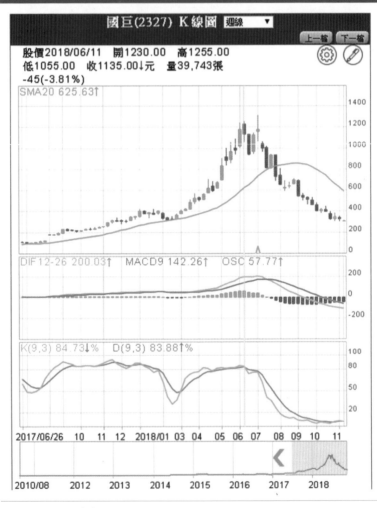

圖4-3-1　國巨股價週線

資料來源：元大寶來理財網

法避險，而無辜的散戶投資人，就被轉嫁其風險。這故事其實重複發生，記得之前某保險公司熱賣「某些外幣」投資型保單，事後這些貨幣紛紛大貶，投資人苦不堪言。

4-4

投資型保單

　　投資型保單是保險衍生型的商品，由於過去高利率的時代，投資的報酬率較高，保費也相對便宜，然而現在的低率環境下，為了提高報酬收益，當投資人買入保險後，保險公司就將這些保費拿去做投資，包括了投資海內外房地產、股票、債券或其他的金融投資商品，從這些投資的獲利來給付保險支出。隨著投保率的飽合，保險公司為了刺激保戶購買，設計出許多結合投資商品的保單，剛開始以單純的保險加上自行選擇的國內外基金，後來衍生出定期的結構型商品的保單，例如連結外幣等。由於連結了這些投資商品標的後，保險就不再單純是保險了，隨著這些投資商品的價格波動，都會影響到保險收益，因此近年來就不少這類型的投資糾紛。

　　投資型保單，從字面上的理解不難發現，就是投資商品加上保單，大部份的行銷話術都是強調不僅具有保險功能還有投資賺錢的機會，除了保險部位不討論外，只要涉及投資的字眼，就代

表有虧損的問題，投資人就必須注意。除了投資虧損風險外，購買這樣的商品勢必有交易成本和保管費用等等，這些成本和其他通路所交易的成本，相對比較高。

　　本章節的重點就不著重討論其保單的細節，只針對連結標的投資風險分析，簡單分類其連結的投資商品不外乎是現在市面上的投資工具，海內外基金、貨幣、債券或股票等等。既然是以上這些商品，例如選擇連結作多美國股市基金的投資型保單，由於這類型的保單大多是長天期，就必須確定道瓊指數是多頭走勢，特別需要參考月線長期的指標，就可以避免投資的虧損。若連結貨幣的投資型保單，就必須注意該貨幣是否中長期（月線或週線）走強，若走貶保單的投資當然是虧損。而連結債券相關商品，則必須了解升息或降息的趨勢，如果持續升息，連結債券投資型保單就會遭受虧損，反之，持續降息，債券投資型保單價值就會上漲，投資人就享有了保單的保障並且也得到投資的收益。當然，連結股票類型基金，就是要去注意該標的的中長期趨勢，才能持盈保泰。基本上，除了注意相關商品的進場，出場點也是觀察中長期的技術分析指標的轉折點，並且要適時地調整其投資型保單的連結標的或市場，可以參考前面章節教導如何判斷轉折的專業，包括總經或是技術面。

　　市場最常聽說的貨幣型投資型保單為美元保單，目前大約分為三類型：美元利率變動型保單、美元傳統型保單、美元投資型保單。目前美元利率變動型保單方面，保單平均IRR（內部報酬

投資型外幣保單翻倍成長美元仍最賣

2018 年 08 月 07 日 21:38 中時黃有容

　　金管會今（7日）公布上半年外幣保單業務統計，截至6月底止，投資型外幣保單件數較去年同期成長123%、新契約保費收入成長95%，表現亮眼。其中，美元投資型保單最熱賣，上半年新契約有8.9萬件，是去年同期的超過一倍；另外，人民幣保單上半年賣了3.7萬件，比去年同期的0.2萬件增加近20倍。

　　據金管會保險局統計，今年上半年外幣保單所有幣別的新契約件數總共為50.7萬件，較去年同期成長28%；其中，投資型有13.6萬件、年增率123%，傳統型則為37.1萬件，比去年同期成長11%。新契約保費總計約3570億新台幣，比起去年同期成長44%；投資型有1433億新台幣，年增率95%，傳統型為2137億新台幣，較去年同期成長22%。

　　保險局表示，所有幣別投資型外幣保單業績前3名，分別為國泰人壽321億新台幣、法國巴黎人壽218億新台幣、南山人壽188億新台幣；傳統型保單業績則以南山人壽443億新台幣奪冠、富邦人壽342億新台幣居次、中國人壽336億新台幣第3名。

投資型外幣保單熱銷，以美元保單賣最好，今年上半年美元保單投資型就賣了8.9萬件，是去年上半年4.2萬件的1倍以上；新契約保費收入達35.45億美元，也是去年上半年18.21億美元的近2倍，而業績王則以國泰人壽奪得。

人民幣保單成長則最多，包括投資型、傳統型保單的新契約總件數有4.3萬件，比去年上半年0.5萬件，成長了760%；新契約保費總收入為49.43億人民幣，比去年同期的5.09億人民幣，大幅成長近9倍。業績最好的業者，則由台灣人壽拿下：在人民幣投資型保單中奪冠，傳統型保單居亞軍。

率）介於3%左右，代表投資人平均年收益為此，投資這類外幣保單，如果台幣持續升值，換回台幣本金就是會虧損，因此，根據圖4-4-1美元十年的月線走勢，若在2008年台幣34元進場買入美元投資型保單，到2018年只能賺到美元利息，但是本金還是虧損。假設2011年在台幣29元左右買入美元投資型保單，這樣的進場點就是賺了利息也賺到匯差。

投資型保單雖然交易成本較高，不過也許對高資產投資人具有節稅的功能，只是要掌握最佳的買進賣出的時間點，並且在合宜的時間點轉換投資部位，如此一來才能確保投資型保單的穩定收益。

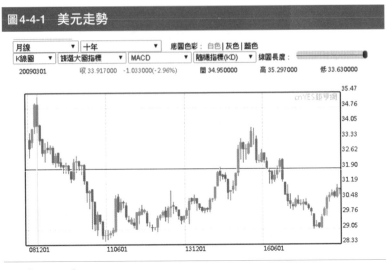

圖4-4-1　美元走勢

資料來源：鉅亨網

　　近年來保險投資熱賣商品之一——「類全委保單」，規模已達7,000億，也可能是下次金融風暴來臨的嚴重受災戶，這類商品委託投信代操，卻也包裝成「高配息」的商品，但其配息從淨值扣除，換言之，除了必須付出高額的交易成本外，還承受了虧損的風險。誠摯的建議投資人，將保險功能單純化，還是自己學習投資才是上策。

4-5

特別股基金

　　2018年初各大財經雜誌大量的廣告行銷特別股基金，強調「穩定配息」，又吸引了一堆散戶、軍公教及退休老人的爭相買進，大部份的人完全不懂何謂特別股，只聽信理專說能固定配息就貿然投資，甚至有網友買了之後才詢問我？我還是直搖頭，萬點買特別股基金？真的膽大！

　　首先先了解何謂特別股？公司可發行的股票有普通股和特別股，兩者都可以在公開市場交易，差別在持有人的權益，普通股就是享有一般股東的權利，特別股持有者就是享有特殊權力或受限於某些權利，特別股持有的權利或限制都得在發行時說明清楚。其中包括特別股分配股息、紅利及剩餘財產的順序、定額或定律，特別股股東行使表決權之順序、限制或無表決權及其他權利義務等。特別股的種類包括了永續特別股、累積特別股、非累積特別股及副轉換權利特別股。特別股之所以吸引投資人，主要原因是大部份配息固定，且萬一企業發生倒閉情況時，償債順序

是高於普通股。但投資人還是忽略了特別股本身價格也會變動，
誤以為特別股沒有跌價的風險。事實上，2008年金融風暴，圖
4-5-1中鋼特別股從51元幾乎腰斬，如果投資買在高點，即便多
年來配息，到現在本金還是虧損。

　　今年熱銷的特別股基金，就是包裝一籃子的特別股銷售給
投資人，產品介紹也都清楚的表明「配息可能來自於本金」，這
就是很明白的告訴投資人，本金不確定能保本。事實上，如圖
4-5-2某檔包裝歐美企業的特別股基金走勢，確實是逐步下跌的
趨勢，除了可能基金中的特別股標的股價跌，導致基金下跌，也
可能是從本金撥出配息等因素。投資人要特別注意特別股基金的

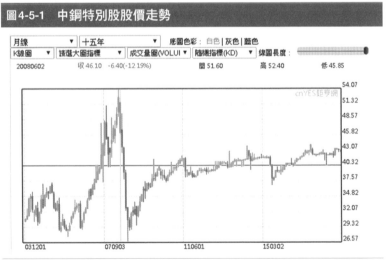

圖4-5-1　中鋼特別股股價走勢

資料來源：https://www.cnyes.com/twstock/html5chart.aspx?code=2002A

圖4-5-2　特別股基金價格走勢

資料來源：鉅亨網

持有標的公司股價，假設該公司普通股股價大跌或是歐美股市暴跌，該類型的基金價格也會連動下跌而承受損失。

　　特別股主要風險除了價格下跌造成本金損失外，還有以下的風險，例如利率風險，因為特別股類似債券固定配息，所以利率上揚也會導致特別股股價下跌。此外標的公司及發行單位的信用風險也會導致價格波動，當標的公司的信評被調降時，該特別股價格就會下跌，反之，調升信用評等時，其價格會上漲。海外發行的特別股基金或是包裝國外特別股，皆有匯率風險。例如之前土耳其及南非幣大貶，標的連接該幣值的基金，也是承受匯率虧損風險。特別股相對發行量比普通股少很多，因此市場流通性影響甚鉅，例如在2008年無量下跌的時候，即便像中鋼這樣的績優股，其特股股價腰斬，其他特別股的價格也是大跌。

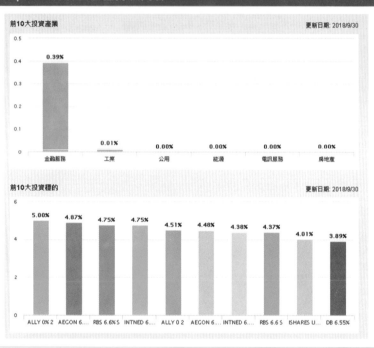

圖4-5-3　特別股基金持股內容

資料來源：鉅亨網

　　任何金融商品會虧損賠錢，除了遇到詐騙集團外，事實上都是投資人自己不懂該商品最合適的買點和賣點，由以上說明特別股的特性，應該不難理解它其實和存股的邏輯一樣，只要在「對」的時間進場，這類商品是可以穩定獲利。但是在2018年台股萬點及全球指數高檔震盪時買入，是否為明智之舉，相信很快就可以見真章了。

　　筆者建議，這類的商品最合適的買點可以考慮月線週期，技術指標低檔，例如KD黃金交叉時後買入，就不易虧損。更明確的範例，在2009年第一季，貨幣政策開始寬鬆，利率下降，台股仍在打底的時候，擔心投資普通股的風險，就可考慮信用評等較高的特別股基金買入並持有，其股價的波動相對較普通股小，但仍有配息的收入，就合適風險承受度較低的投資人。

4-6

存股

　　2008年金融風暴後的大寬鬆貨幣政策，讓股市再次重回多頭，許多人投資股票紛紛解套，每年的配股配息，就自信的認為年年皆如此，從2017年年底，坊間陸續推出的「存股達人」興起，各類鼓吹存股的書籍和報章雜誌大賣。加上年金刪減的制度實施，許多小資族、軍公教及退休的人員紛紛勇敢存股。然而，一個「詛咒」般的狀況卻重複發生，那就是在台灣任何金融投資商品只要熱銷後半年到一年，該商品價格必定崩跌。作者於2018年初在臉書平台上呼籲千萬別在萬點存股，果然在2018年中，許多的標的趨勢轉向，2018年10月11日大盤週線跌破整理平台，跌破萬點。這樣的跌幅，讓許多存股的投資人，為了賺取那3~5%的殖利率，卻已經承受了跌幅高達20%的股價損失，真是得不償失。

　　事實上，存股投資觀念並沒有錯誤，存股會賠錢的原因還是一句老話，就是在「錯」的時間，即便遇到「對」的股票，也是

只剩下遺憾。因此如何選擇「對」的時間開始存股，就是投資人必須學習的重點。基本上，喜歡存股的投資人大多希望是每年可以配到穩定的殖利率，足夠讓老年生活無虞，所以基本功夫就必須加強財務報表的專業，因為根據統計，公司存活率超過10年的機率低於50%，大陸的企業更低才2.5年，歐美企業為40年，日本企業最長壽達58年。換言之，千萬別傻傻地存股，完全無知的存股，可能最後只剩下一堆「白骨」，台股中許多活生生的例子該引為警惕，例如你阿嬤存的四位數金融股，還有阿土伯存的宏達電，都不需要多做解釋，回不去了。

　　所以，最簡單的懶人存股方法是存台灣五十這類的ETF或是其中相關的成份概念股，否則想存股的投資人務必清楚自己的標的是否能「存活」。企業無法存活的主因，不外乎是產業失去競爭力、經營者掏空公司或是錯誤投資等等。因此，從財報訊息中就可以發現這些變化（財報基礎專業請參考《十分鐘逆轉勝》第一章），例如產品失去市場競爭力時，每月營收的成長就會開始衰退，除了淡季外，營收連續三個月的衰退都得注意，此外，毛利率降低則可能表示產業競爭者增加，企業必須調降售價來因應競爭，也可能是成本提高，導致毛利下降，這樣的變化都會影響殖利率的穩定性，假設營收、毛利率持續降低，肯定會衝擊股息的收益率。

　　經營者掏空公司也是經常發生，不過這類的行為造成公司倒閉或是出現經營危機，通常需要2~3年，操作的手法包括利用其

它公司製造假交易，或是將公司資產借貸現金再轉手至其它假投資從中獲利等等，這些問題在財報當中皆會顯示，可以注意其交易對手公司的關係。而台灣企業最容易發生的經營危機就屬第二代的傳承問題，錯誤的轉投資常常發生在第二代的身上，正所謂「富不過三代」，也是印證在無數的企業上，因此台灣超過一甲子的企業相當罕見。

　　掏空公司或是轉投資失敗，在財報上我們通常會注意到現金流量這些數字，現金流量包括了營業活動、投資活動和融資活動的現金流量，這些現金流無論正或負現金流，兩者的差稱為淨現金流，通常掏空公司和轉投資失敗的企業財報上的淨現金流都會持續負值出現，直到週轉不靈後，危機就隨之爆發。

　　當年宏達電為千元股王時，高股利分配吸引許多「好野人」投資，然而從表格4-6-1財報數字顯示2011年達到營收的高峰

表4-6-1　宏達電2010至2017財報資料								單位：百萬
期別	2017	2016	2015	2014	2013	2012	2011	2010
營業收入毛額	62,120	78,161	121,684	187,911	203,403	289,020	468,404	279,836
稅前息前淨利	−16,926	−10,579	−15,573	2,000	−187	19,460	71,455	44,968
每股盈餘－完全稀釋	−20.58	−12.81	−18.79	1.80	−1.60	N/A	71.91	47.89
股利	0	0	0	0.38	0	2	40	37.5

資料來源：http://www.yuanta.com.tw/pages/content/StockInfo.aspx?Node=8e01967d-44f7-461f-bb26-8557cb02d8d0

後，2012年大幅的衰退，主要原因是智慧型手機市場競爭加劇且供給過飽和，需求開始逐步下跌，不僅營收衰退，稅前息前淨利更是大幅下降，從2011年的71,455,000,000元減少至2012年的19,460,000,000元，僅剩前一年的三成不到。之後5年，災情慘重，2017年營收毛額僅為2011年高峰期的13%，股價從千元俱樂部墜落至十位數，僅在2014年發放過股利，其他皆為0，當年執著存股的投資人，本金虧損根本無法彌補，短短不到10年，企業的興衰讓人無限惆悵。

　　對存股散戶而言，如此專業的財報分析實在不容易理解，是否有更容易的工具可以早期判斷？「技術分析」專業確實是大多數散戶的保護傘，圖4-6-1是千元股王宏達電當年的股價走勢，財報數字直到2012年才明顯減少，但是股價轉折卻在2011年中先行反應，跌破長期均線且呈空頭排列，懂得技術分析專業的投資人，早就逃之夭夭了，更厲害的反手做空，大賺一筆。轉折技術分析指標訊號，請參考前章節或《十分鐘逆轉勝》第二章，判斷方式皆相同。

　　正確的存股方法，投資人需採行「智慧型」存股，除了定期的追蹤財報的營業收入、淨現金流量及股息分配政策外，最即時的提醒可能就是技術分析了，因為財報的公告有時差，但是內部人或主力肯定提早知道，就如同宏達電高檔時，就有人先出貨，投資人可以搭上順風車，反手做空，就不怕抱著地雷股了。因此，選擇優質的存股標的後，準備進場的訊號，當然至少得週線

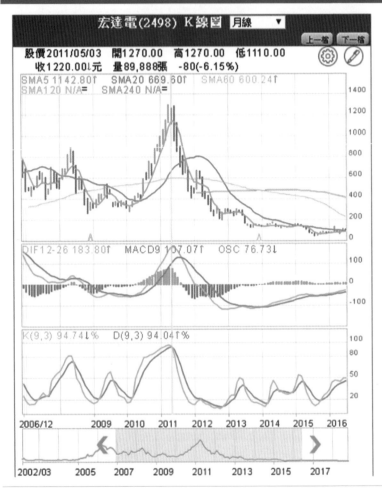

圖4-6-1 宏達電月線圖

資料來源：http://www.yuanta.com.tw/pages/content/StockInfo.aspx?Node=fad9d056-9903-40f4-9806-b810b59c4b1c

指標低檔且呈現多頭趨勢，才能安心存股，如果你的存股標的發生了週線高檔背離轉折訊號，都必須相當的注意，甚至月線**趨勢**走空，肯定是基本面出了問題，才會讓股價不支倒地，千萬別忽略了。

　　為何會在臉書上苦口婆心的規勸，別在2018年或是台股萬點存股，去看看台股的月線和週線，皆位於高檔，果然在2018年10月中大跌，指數貫穿週線高檔整理平台，存股者情何以堪？記得人多的地方千萬別去。

第五章

空頭獲利避險工具

　　從2008年雷曼事件的金融風暴後至今，拜寬鬆貨幣政策所賜，持續多頭近十年。然而，從2014年貨幣政策開始轉向，爾後2015年啟動的升息及2017年反向QE及縮表的計畫，因為大部份市場投資的資金都是由借貸來「錢滾錢」，利率的上升，資金成本提高，未來都會造成投資市場的壓力。但是貨幣政策的改變和實施會有時間的遞延效應，並不會立即見效，而且史無前例的擴張貨幣，也需要相當的時間才能出現明顯的成效。千萬別懷疑，連續的寬鬆既然可以讓股市上天堂，只要持續的升息，必定可以將股市回歸本質。多空轉折的變化，可以從經濟指標的變化察覺，例如貨幣供給及匯率走勢有助於判斷金融風暴的「啟動點」，搭配技術分析的轉折訊號，就可以趨吉避凶，以上指標的變化於前面章節已經說明清楚，此章節著重於當空頭來臨時，如何運用其他的投資商品避險。

　　2008年以前，台灣的操作商品除了期貨、選擇權或權證外，大多都是做多的商品。投資人也是習慣偏多趨勢，常常面臨到「趨勢轉折」時，只能無奈套牢等待反彈解套。近幾年，隨著投資國際化及多元化，許多衍生性商品的設計，幫助投資人用於資產避險，例如融券、認售權證、反向ETF、VIX等商品。

　　期貨和選擇權因為槓桿過大，並不建議新手散戶操作，但是如果交易股票的勝率高達七成（買入十次股票，有七次是正報酬），就可以自由地選擇做空的交易商品。特別是當賣方（選擇權賣方）需要更專業的投資技巧，否則請勿隨意嘗試操作，可

能很快就陣亡了。不同商品的技術分析參考時期，根據商品的槓桿而選擇，槓桿越高，參考週期越短，進出需越謹慎。根據筆者多年的觀察與經驗，當沖的商品要觀察1分、5分和10分，權證建議5分、30分，股票則30分加上日線，ETF可以日線加上週線。轉折訊號就是以指標「背離」為主要參考現象及KD和MACD搭配使用（請參考前文第二章範例）。

　　以下依序介紹認售權證、反向ETF、VIX及最保險的強勢貨幣，這些雖然有優缺點但都算是不錯的避險操作工具，只是唯一的重點就是「趨勢判斷正確」，搭配技術分析的買賣點，應該就可以得心應手。不過認售權證要注意券商造市品質，避免被吃豆腐，反向ETF也要了解交易成本的影響，不能如股票一樣定期買入，而強勢貨幣則需要追蹤該貨幣國家的財政及貨幣政策，隨時調整。

5-1
認售權證

　　權證可區分為認購（看多）及認售（看空）權證，權證和現股最大差別是，股票你可以傳子傳孫，除非這家公司倒閉了，否則股票的價值仍存在。但是權證只是讓你在某一段約定期間內，你可以用約定的價格來買（賣）標的證券的權利契約，到期若沒有履約價值，權證價格則為零。原則上，標的證券股價上漲，認購權證就更有價值，也會跟著現股上漲，而認售權證價格則會下跌。

　　台灣權證市場目前僅開放投資人為「買方」，而不像選擇權市場可以當「賣方」，買方無論是買入認購或認售權證，最大損失就是當初買入的「權利金」，但若是賣方賣出買權或賣權，頂多賺取固定的「權利金」，萬一方向不如預期，暴露風險無限，投資人損失慘重。此外，權證交易的造市者為發行券商，權證隱波度控制穩定，但選擇權交易市場是由買賣方投資人供需而決定

表5-1-1 權證、股票及融資券交易比較

比較項目	權證	股票	融資券
槓桿效果	8-10倍	1倍	2.5倍以下
流通性	中高	高	高
投資期間	6個月-2年	無期限	1年
保證金追繳	不會	不會	會
最大損失	權利金	投資成本	投資成本
所需資金	低	高	中
交易稅	千分之1	千分之3	千分之3

資料來源：台灣證券交易所

隱波度，因此價格波動大於權證商品，雖可能賺取超額利潤，但方向誤判，損失波動比權證高。

權證相關名詞解釋

1. 權利金

買進權證所需要付出的價金，基本上同一標的證券、行使比例、波動度及剩餘天期的權證，價外權證的權利金小於價平權證，而越價內的權證，其權利金越高。

2. 履約價

可以和權證發行券商申請履約，買進或賣出標的證券股價的約定價格。美式權證在權證到期前每個交易日都可以申請履約，歐式權證只能於權證到期日當天才能申請履約。價內與價外是指履約價和標的證券的股價差距（表5-1-2）。

表5-1-2　價內、價平及價外權證定義

價格比較	認購權證	認售權證
股價＞履約價格	價內	價外
股價＝履約價格	價平	價平
股價＜履約價格	價外	價內

3. 行使比例

買進一張權證，可以履約多少張數的標的證券。例如買入1張「台灣五十」的認購權證，行使比例為0.5，表示權證投資人可以以履約價來買入0.5張的「台灣五十」股票的權利。如果是買入1張「台灣五十」的認售權證，行使比例為0.5，表示權證投資人可以以履約價來賣出0.5張的「台灣五十」股票的權利。

4. 實質槓桿

　　當標的證券股價變動1%時，權證價格會變動多少的倍數。例如買入實質槓桿為3的「台灣五十」認購權證，當「台灣五十」股價漲3%，該檔認購權證會漲9%（權證實質槓桿×標的證券股價漲幅＝3×3%＝9%）。反之若當「台灣五十」股價跌3%，該檔認購權證會跌9%。

　　相同標的證券、波動度、行使比例及剩餘天期，越價外的權證，實質槓桿越高。越價內的權證，實質槓桿則越低。

5. DELTA

　　當標的證券股價變動1元時，權證價格會變動多少元。例如買入DELTA為0.5的「台灣五十」認購權證，當「台灣五十」股價漲2元，該檔認購權證會漲1元（權證DELTA×標的證券漲的金額＝0.5×2＝1元）。反之若當「台灣五十」股價跌2元，該檔認購權證會跌1元。

　　相同標的證券、波動度、行使比例及剩餘天期，越價外的權證，DELTA越小。越價內的權證，DELTA則越高。

6. 時間價值&內含價值

權證價格的組合包括內含價值和時間價值，認購權證的內含價值是標的股價大於履約價格的價值，認售權證的內含價值是標的股價小於履約價格的價值。

時間價值為權證價格減去內含價值，價外權證沒有內含價值僅有時間價值，當變成價內權證時，內含價值逐步增加，而隨著到期日接近，時間價值的消逝也越來越快。

7. 歷史波動度&隱含波動度

歷史波動度是指標的證券股價過去一段時間內的波動幅度，通常股性越活潑，波動越大。

隱含波動度是權證的市價代入選擇權評價模型（Black-Scholes Model）中，反推而得的波動度稱之為隱含波動度。隱含波動度愈低，權證價格相對較低。

8. 最後交易日

指權證於股票市場上買賣交易的最後一天，若權證投資人沒在最後交易日賣出，則須等到到期日履約結算。

圖5-1-1 權證基本資料

權證條件	五檔報價		
認購/認售	認售	損平點	105.60
美式/歐式	歐式	距損平點	25.9%
履約價	150.00	實質槓桿	-1.5
價內外	價內5.00%	BIV	107.9%
行使比例	0.05	SIV	113.7%
最後交易	2019/04/16	IV	115.5%
到期日	2019/04/18	Delta	-0.0240
剩餘天數	155天	Gamma	0.0004
時間價值	1.875	Vega	0.0180
內含價值	0.375	Theta	-0.0047
利率	1.43%	最新發行量	5,000張
剩餘交易天數	101天	流通在外比例	3.10%

資料來源：日盛權勝網

9. 到期日

權證的最後履約日。原則上，其結算價格以標的證券收盤前60分鐘內成交價格之簡單算數平均價計之。

權證何時買？何時賣？

許多投資人相當在乎標的股價盤中曾漲0.5%，認購權證少

漲幾毛錢，而跟發行券商客訴，卻忽略收盤標的股價跌了2%，此時權證當然是賠了10%，由此可見，大部份的投資人都搞不懂權證專業就貿然投資。記得，投資商品的目的就是要賺錢，因此不論賠多或賠少，都是方向做錯了。如果選對標的、運用權證高槓桿，看對時機進出場，權證投資獲利並不難。看對標的證券股價走勢，選好造市品質的權證才會帶你上天堂。反之，看錯標的證券股價走勢，再好的權證還是讓你在地獄煎熬。輕鬆挑選權證步驟：第一選標的決定多空，第二技術分析判斷進出場，第三挑權證。

　　權證不像股票可以與它天長地久，「時間」是權證最大的殺手！特別是認售權證，它的交易成本比認購權證高，若是誤判行情或是進場過早，時間價值的耗損和誤判走勢的損失都會相當的明顯。所以標的證券的選擇，以帶量下跌表態的弱勢股標的優先考慮。例如每年3、6、9及12月投信法人結帳行情，特別是週線出現技術分析指標「轉折背離」，若日線也同時出現，就值得密切注意。此時，投信法人開始賣超，股價轉空三部曲「指標背離、跌破均線、跌破趨勢線」，技術線型呈空頭排列（5日均線＜10日均線＜20日均線）。高手當然選在最高點背離出現就進場認售權證試單，跌破趨勢線可以加碼認售權證。

　　投資人如何找尋這些認售權證的潛力標的呢？根據以上的分析要觀察二大方向，第一，投信法人每天賣超前20名，從這些資料可以判斷哪些標的可能是準備被停利，也觀察其「量」的變

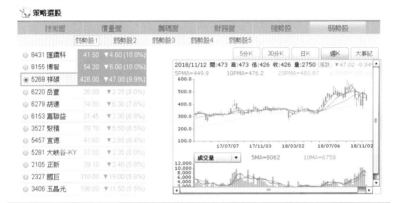

圖5-1-2　盤中跌幅排行

資料來源：日盛權勝網

圖5-1-3　認售權證篩選平台

類別	代碼	發行商	買量	委買價	委賣價	賣量	權證漲跌幅	履約價	價內外%	剩餘天數	行使比例	實質槓桿	BIV	SIV	距壓平點%
P	04100P	元大	10	1.48	1.50	35	26.1%	350.00	21.7外	147	0.0250	-1.9	100.0	100.9	31.9
P	04291P	凱基	12	1.41	1.46	9	19.5%	380.00	12.1外	154	0.0200	-1.8	93.1	95.7	27.9
P	04542P	群益金鼎	25	4.69	-	0	20.7%	390.00	9.2外	162	0.0600	-1.8	92.8	-	-
P	08065P	元大	52	0.50	0.54	20	32.5%	392.38	8.6外	43	0.0150	-4.1	84.0	88.8	16.3
P	03211P	元大	10	1.70	2.19	5	24.1%	400.00	6.5外	112	0.0230	-2.0	100.2	125.8	28.5
P	04594P	台新	10	0.94	1.19	1	36.4%	404.32	5.4外	164	0.0110	-1.3	91.1	113.5	30.5
P	08646P	群益金鼎	2	2.12	-	0	41.9%	404.90	5.2外	91	0.0360	-2.4	88.3	-	-
P	08768P	中國信託	19	0.58	0.60	33	17.7%	420.19	1.4外	95	0.0080	-2.2	91.8	94.9	19.0
P	08945P	元大	13	1.37	1.40	5	9.6%	443.86	4.0內	101	0.0150	-2.0	94.6	96.9	17.7
P	03630P	永豐金	1	1.69	1.70	5	15.0%	446.40	4.6內	126	0.0160	-1.6	98.4	99.1	20.2
P	04441P	群益金鼎	25	3.05	-	0	14.1%	452.00	5.8內	161	0.0270	-1.5	90.8	-	-

資料來源：日盛權勝網

化，其次每天也必須看跌幅排行前20名，這樣價量表態後，投資認售權證的贏率較高。

權證投資的注意事項

權證投資新手在下單前，請務必了解權證的基本特性，不要貿然進場，選擇標的判斷多空趨勢最重要，關於做空的標的，注意每天法人賣超和跌幅排行就可找到潛力標的，之後以技術分析判斷進出場的買賣點，後文將以範例說明，最後選擇權證，無論是認購權證或認售權證，建議新手選擇符合以下的條件即可，首先到期時間大於90天，第二價外5~20%，第三權證價格大於0.5元，可以避免誤選到快到期或是深價外的權證。最後盡量找造市穩定的發行券商，例如元大寶來、凱基或是統一都是還不錯的選擇。當然還是要持續觀察，若造市穩定度不佳就可以考慮選擇其他券商。權證投資失敗最主要的原因還是投資人做錯方向，除此之外就是會有以下的問題：

1. 權證現貨價格不連動

認售（認購）權證投資有時會發現標的現貨下跌（上漲），但是權證價格並沒有相對的變化，這可能發生在買入長天期或快到期的深價外（＞40%）權證、流通在外過多的權證或發行券商

調降隱含波動度等原因。

2. 掛單價差及掛單量變動

權證掛單是由發行券商負責造市，因此足夠的掛單量是讓投資人可以有充分流通性的交易，委買委賣掛單價差小，可以降低投資人的交易成本，優良的發行券商就是要提供價差越小、掛單足夠的造市品質。

3. 價內、價外、價平那個好

新手常常搞不清楚方向就貿然進場，若選擇價內或價平的權證，因為單價較高投資金額較大外，DELTA 也是較高，簡單來說就是損失較多絕對金額。若是選擇價外權證，看錯方向單位損失金額會隨著減少，有自動停損的功效。假設做對方向，DELTA 數值會增加，有自動加碼的功能。簡單說明，越價內權證 DELTA 越大，槓桿越低，越價外權證 DELTA 越小，槓桿越高。無論認購認售權證，新手投資人請選擇價外 5~20% 為佳。

4. 天期長短有何差異

權證的價格組成包括時間價值和內含價值，權證到期時若沒

有履約價值，權證價格就歸零。而天期的長短影響時間價值的衰退現象，越短天期時間價值衰退越快，長天期衰退佔比例較小。但深價內權證（或牛熊證），時間價值佔的比例相當小，因此時間價值衰退影響較小。權證新手無法跟老手一樣，買進後權證立即表態，因此萬一衝動追價但趨勢沒有誤判，買長天期的權證，等待時期時間價值耗損影響較低，新手建議買超過90天的權證為佳。

5. 造市品質影響有多大

權證價格的影響因素包括標的股價、履約價、天期、利率和隱含波動度，前四項當權證上市後，其參數發行券商是無法自由調整，只有隱含波動度可以控制在發行商的手上。無論認購或認售權證，只要降低隱含波動度，其價格就是會降低，換言之，權證投資人賣回收益就減少。發行券商若是拉大委買委賣掛單價差、減少委買委賣的掛單量或是降低隱含波動度，都是造市品質不佳的現象。投資人可以長期觀察哪些發行券商是造市認真的，通常可以選擇較大型的券商為佳。

權證專業內容可以參考作者發行的《權證好好玩》一書，內有詳細補充說明。新手只要掌握前文所提醒的四大權證選擇原則，天期大於90天、價外5~20%、價格大於0.5元及造市品質優的發行權證，基本上就不會發生以上的問題。

認售權證進出技巧

　　除了放空股票期貨外，認售權證的操作也是做空不錯的選擇，而且交易方便，只要直接填寫風險預告書後，就可以從股票交易的帳戶直接下單。由於目前權證尚未開放當沖，因此建議技術分析以30分的線型和指標為權證交易進出的參考依據。當然得觀察中期（週線）和短期（日線）的技術線型來判斷趨勢的多空方向。若中長期都是走空的趨勢，認售操作勝率自然會提高。而選擇30分為進出的依據，主要是由於權證的投資槓桿高，空頭跌深反彈個3~5%，認售的獲利可能瞬間減少20%，同時利用停利的時機可以轉換價外點的權證，這樣可以先落袋為安。

　　以國巨標的（圖5-1-4）的走勢作為「認售」權證進出場的範例，首先檢查標的的中期和短期的趨勢，國巨週線於2018年7月初就跌破上升趨勢線和週線5MA，同時出現高檔轉折K線（長上影線）和指標轉折背離，之後再破週線20MA，根據格蘭碧八大法則，均線成反壓，走中期空頭趨勢。圖5-1-5日線走勢也是類似的形勢，實務上，權證投資人可以在日線出現轉折背離後，跌破均線和上升趨勢線時，即可買入認售權證，開始進行做空操作。當然經驗豐富的高手會在背離出現就可以試單。

　　確定中期（週線）和短期（日線）都已經出現轉折訊號後，以標的30分的技術分析線型和指標進行進出的交易，請勿以認售權證的技術線型進出。進出交易的判斷方式在不同的週期，

圖5-1-4 國巨股價走勢（週線）

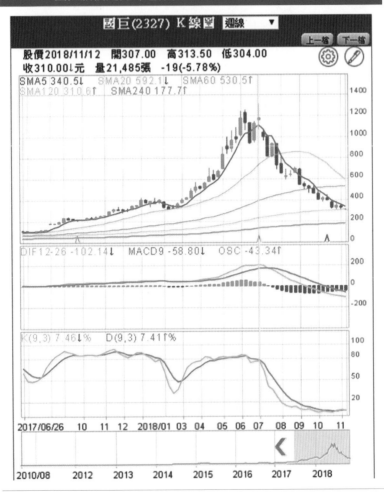

資料來源：元大寶來理財網

圖5-1-5 國巨股價走勢（日線）

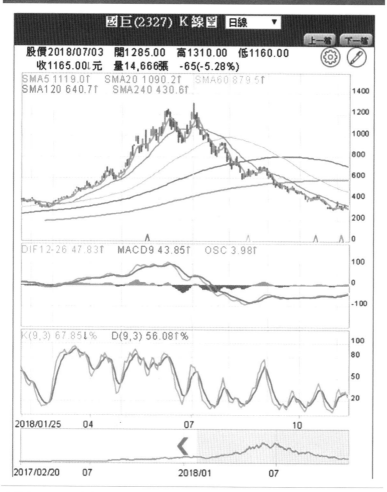

資料來源：元大寶來理財網

都是一樣的方式如表5-1-3。以圖5-1-6的30分技術線型為例，第一個空點就是具備有KD高檔（準備死亡交叉），MACD綠柱續出或紅柱縮短的現象，出場的訊號KD低檔（準備黃金交叉），MACD綠柱縮短或紅柱增長。如此紀律的操作，賠錢的機率就大大降低。不過技術分析背離鈍化的情形，越短週期越容易出現。此外，當金融風暴來臨或是外資連續賣出，指標低檔鈍化的情況會出現，認售權證的投資人應該可以大獲全勝，也可以將漲幅過大的深價內認售權證停利，換成價外點的認售權證，落袋為安。

　　若盤勢持續空頭，但擔心跌深反彈，也可以搭配長天期（大於90天）價外20~30%的認購權證避險或是搶反彈，相對比現股投資成本較低。（詳細內容請翻閱《權證好好玩》一書）

表5-1-3　權證進出場指標訊號

	進場訊號	出場訊號
作多	KD低檔（準備黃金交叉），MACD紅柱續增或綠柱準備縮，股價回到均線支撐。	KD高檔（準備死亡交叉），MACD紅柱縮或是背離出現，股價正乖離過大，轉折K線。
做空	KD高檔（準備死亡交叉），MACD綠柱續出或紅柱準備縮，股價反彈到均線壓。	KD低檔（準備黃金交叉），MACD紅柱出現（綠柱縮）或背離出現，股價負乖離過大，轉折K線。

圖5-1-6　國巨股價走勢（30分）

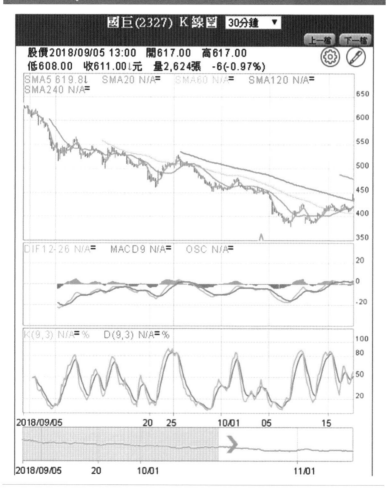

資料來源：元大寶來理財網

認售權證避險策略

當空頭來臨時，除了可以操作「認售權證」為單方向的投資外，也可以搭配其他的策略避險，避免因為方向誤判而蒙受損失，例如空頭避險和跨勒式策略。

1. 空頭避險

我們常會聽到外資現貨買進十幾億，卻同步在期貨建立大量空單部位，如此的反向操作就是所謂的避險。避險可避免在不確定的行情變化中，降低投資部位的損失風險。大部份的投資人較無避險的觀念。然而，不論你是買在起漲點或是套在高點，股價漲多了必回檔整理，而跌深了也會反彈，如果懂得避險策略的運用，就能讓你的投資持盈保泰。

特別近年來流行存股，但是無論基本面多好的公司股價，遇到金融風暴的時候，一樣下跌慘重，例如台積電這樣的績優股也難逃股價下跌的趨勢。因此，若搭配認售權證的避險，就可以避免下跌的損失。持有現股搭配認售權證，當現股股價下跌時，認售權證價格會上揚，就能彌補現貨的虧損，這樣的策略稱為「空頭避險」。現貨和認售權證的張數如何搭配？假設台積電認售權證的DELTA為0.5，一張台積電需要2張認售權證（1/0.5＝2），如此推算即可。認售權證的挑選和前文所提醒一樣，四大

表5-1-4　多、空頭避險操作原則

	空頭避險	多頭避險
投資觀念	長線看好，心理成本	落袋為安，小賭宜情
操作方式	持有現股，以認售權證避險	出脫現股，以認購權證替代
操作時機	現股操作初升段（第1波） 權證避險回檔波（第2波）	現股操作主升段（第3波） 權證操作末升段（第5波）

權證選擇原則，天期大於90天、價外5~20%、價格大於0.5元及造市品質優的發行權證。

2. 跨式及勒式交易策略

　　目前台灣一般權證投資人只能站在買方市場，而且還未開放當沖，因此本章節僅介紹買入買權及賣權的跨式及勒式交易策略。此策略使用時機在於預期標的物在履約日到期前會有重大價格變動，不是大漲就是大跌時所採用。跨式交易是同時買入同一履約價的認購權證和認售權證，而勒式交易則同時買入不同履約價的認購權證和認售權證。跨式及勒式交易策略交易邏輯是運用當標的證券股價上漲時，認購權證由價平變為價內，DELTA值隨之上升。而認售權證由價平變成價外，DELTA值隨之下降。反之，若標的證券股價下跌時，認購權證由價平變為價外，DELTA值隨之下降。而認售權證由價平變成價內，DELTA值隨

表5-1-5　跨式交易策略標的股價漲幅對 Delta 及權證價格變化

股價漲幅 %	認購權證 Delta	認售權證 Delta
+7	0.6944	−0.3056
+3	0.6078	−0.3922
0	0.5364	−0.4636
−3	0.4615	−0.5385
−7	0.3608	−0.6392

註：權證條件價平、到期日60天、波動度40%

之上升。若投資人同時買入同履約價且到期日相同的認購權證及認售權證，無論標的證券股價上漲或下跌，投資人都是獲利。若是勒式交易策略，買入不同履約價但是到期日相同的認購權證及認售權證，除了標的證券股價橫向盤整會損失時間價值外，只要上漲或下跌一方表態，權證投資人皆有收益。

當空頭來臨時，跨式及勒式交易策略可以運用在空頭轉折前，高檔背離後盤整做頭、下跌的b波及c波末期出現背離後，準備收斂表態時。權證的選擇盡量選長天期大於120天，價外20%~30%，造市品質好的發行券商。不要選擇價平和價內權證是因為DELTA變動幅度較小的原因，就不具備權證價格噴出的效應。

各大券商都有相當完整免費的權證搜尋軟體，例如日盛權勝網（http://warrant.jihsun.com.tw）和元大寶來權證網（http://www.warrantwin.com.tw）都是不錯的選擇，投資人可以善加運用。

5-2

反向ETF

近年來相當流行指數股票型基金（Exchange Traded Fund，稱ETF），這類型的基金降低投資人對個股的選擇障礙，目前指數型基金的品項已經發展相當多元化（表5-2-1），涵蓋了股票、貨幣及各類投資商品。

例如台灣五十ETF為例，就是選擇了台灣50檔股票來組合成一個指數股票型基金，除了可以分散公司的個別風險外，也一樣可以參與股利的分配，對於無暇鑽研產業或個股的投資人非常方便。以台灣五十為例，看多台股時，就可以買進台灣五十ETF，反之，若看空台股也可以買台灣五十反向ETF，當台股下跌時候，反向ETF價格就會上漲。

指數型基金ETF在台灣發展相當迅速，目前為止（圖5-2-1）涵蓋了全世界大部份的主要商品，例如亞洲及歐美股市連動的ETF，黃金、石油甚至美債或是匯率相關的ETF等。在台灣上市的ETF交易方式和股票交易一樣，但是反向做空的ETF，有些券

表5-2-1   指數化產品的種類

依投資取向區分		依產品類別區分	
類別	類型	類別	類型
地域	全球、地區、單一	股票	全球、資本、產業、國家
投資風格	成長、價值	固定收益	政府公債、公司債、信用債
資產類別	股票、債券	商品	綜合、次指數、單一商品
產業	產業、特殊主題	貨幣	已開發、新興市場、策略
股本市值	大型股、中型股、小型股	現金	EONIA & SONIA、聯邦資金
其他類型	商品	另類	避險基金、碳權

資料來源：元大投信

商會要求開立信用帳戶後才能操作，有些是必須交易權證十次以上才能交易反向ETF。

除了台灣發行的ETF外，海外也有許多不同的ETF（圖5-2-2），不僅商品豐富，也有更高槓桿的反向ETF。這些海外發行的ETF某些可以在券商複委託交易或是由銀行提供銷售，也可在美國的網路券商，例如美國第一證券（https://www.firstrade.com/content/zh-tw/welcome）線上直接開戶交易，開戶及交易方法投資人可以自行上網查詢或詢問券商服務人員，同時坊間有許多書籍，已經充分說明了投資ETF的注意事項，投資人可以參考。本章節主要介紹空頭走勢時，實務上該如何運用反向ETF避險

圖5-2-1　台灣發行上市ETF商品

即時估計淨值

| 亞洲時區ETF | 歐美時區ETF | 商品期貨ETF | 元大債券ETF | ETF期貨市價 |

資料時間:2018-11-12 17:00:00

基本資料		淨值				市價				折溢價		初級市場
股票代碼	基金名稱	昨收淨值	預估淨值	漲跌	漲跌幅	昨收市價	最新市價	漲跌	漲跌幅	折溢價	幅度	可否申贖
0050	元大台灣50	11/09 77.62	77.65	▲ 0.03	0.04%	77.80	78.00	▲ 0.20	0.26%	0.35	0.45%	✚
0051	元大中型100	11/09 29.40	29.46	▲ 0.06	0.20%	29.42	29.48	▲ 0.06	0.20%	0.02	0.07%	✚
0053	元大電子	11/09 32.27	32.26	▼ 0.01	0.03%	31.91	32.25	▲ 0.34	1.07%	-0.01	-0.03%	✚
0054	元大台商50	11/09 20.72	20.71	▼ 0.01	0.05%	20.58	20.50	▼ 0.08	0.39%	-0.21	-1.01%	✚
0055	元大MSCI金融	11/09 17.92	17.88	▼ 0.04	0.22%	17.75	17.75	0.00	0.00%	-0.13	-0.73%	✚
0056	元大高股息	11/09 24.20	24.16	▼ 0.04	0.17%	24.21	24.18	▼ 0.03	0.12%	0.02	0.08%	✚
0061	元大寶滬深	11/09 14.81	15.01	▲ 0.20	1.35%	15.03	15.04	▲ 0.01	0.07%	0.03	0.20%	✚
006201	元大富櫃50	11/09 10.56	10.49	▼ 0.07	0.67%	10.41	10.42	▲ 0.01	0.10%	-0.07	-0.66%	✚
006203	元大MSCI台灣	11/09 35.79	35.83	▲ 0.04	0.11%	35.74	35.74	0.00	0.00%	-0.09	-0.25%	✚
006206	元大上證50	11/09 27.29	27.46	▲ 0.17	0.63%	27.47	27.48	▲ 0.01	0.04%	0.02	0.06%	✚
00631L	元大台灣50正2	11/09 32.33	32.46	▲ 0.13	0.39%	32.22	32.44	▲ 0.22	0.68%	-0.02	-0.05%	✚
00632R	元大台灣50反1	11/09 13.25	13.22	▼ 0.03	0.23%	13.25	13.20	▼ 0.05	0.38%	-0.02	-0.14%	✚
00637L	元大滬深300正2	11/09 12.13	12.34	▲ 0.21	1.72%	12.34	12.37	▲ 0.03	0.24%	0.03	0.25%	✚
00638R	元大滬深300反1	11/09 16.06	15.96	▼ 0.10	0.63%	15.90	15.93	▲ 0.03	0.19%	-0.03	-0.18%	✚
00661	元大日經225	11/09 28.01	28.04	▲ 0.03	0.11%	28.10	28.10	0.00	0.00%	0.06	0.21%	✚
00667	元大韓國	11/09 20.37	20.38	▲ 0.01	0.03%	20.37	20.37	0.00	0.00%	-0.01	-0.03%	✚
00713	元大台灣高息低波	11/09 29.61	29.66	▲ 0.05	0.17%	29.54	29.66	▲ 0.12	0.41%	0.00	0.00%	✚
00739	元大MSCI中國A股	11/09 17.02	17.22	▲ 0.20	1.17%	17.10	17.13	▲ 0.03	0.18%	-0.09	-0.51%	✚

資料來源：http://www.yuantaetfs.com/#/RtNav/Index#tab1

或是單向操作。

　　台灣發行的ETF可以用股票下單的帳號直接交易，輸入ETF的代碼即可，一般而言，正向ETF和指數連動較密切，但實務上，發現反向的ETF價格連動性較低，還有歐美股市和台灣有

圖5-2-2 美國發行上市ETF

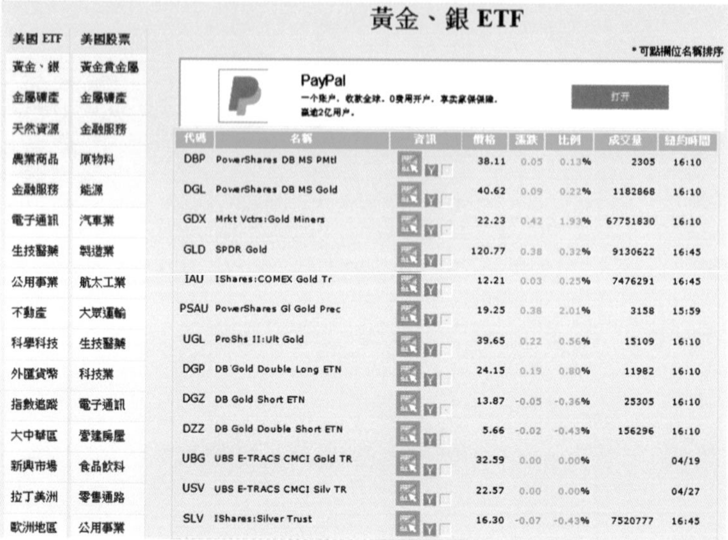

代碼	名稱	資訊	價格	漲跌	比例	成交量	紐約時間
DBP	PowerShares DB MS PMtl		38.11	0.05	0.13%	2305	16:10
DGL	PowerShares DB MS Gold		40.62	0.09	0.22%	1182868	16:10
GDX	Mrkt Vctrs:Gold Miners		22.23	0.42	1.93%	67751830	16:10
GLD	SPDR Gold		120.77	0.38	0.32%	9130622	16:45
IAU	IShares:COMEX Gold Tr		12.21	0.03	0.25%	7476291	16:45
PSAU	PowerShares Gl Gold Prec		19.25	0.38	2.01%	3158	15:59
UGL	ProShs II:Ult Gold		39.65	0.22	0.56%	15109	16:10
DGP	DB Gold Double Long ETN		24.15	0.19	0.80%	11982	16:10
DGZ	DB Gold Short ETN		13.87	-0.05	-0.36%	25305	16:10
DZZ	DB Gold Double Short ETN		5.66	-0.02	-0.43%	156296	16:10
UBG	UBS E-TRACS CMCI Gold TR		32.59	0.00	0.00%		04/19
USV	UBS E-TRACS CMCI Silv TR		22.57	0.00	0.00%		04/27
SLV	IShares:Silver Trust		16.30	-0.07	-0.43%	7520777	16:45

資料來源：http://www.stockq.org/sector/

時差，因此連接國外國家或是國際性的商品ETF價格就無法即時的反應，是可以理解。但是除此之外，反向ETF價格較失真的其他因素，可以參考「元大滬深300單日反向1倍基金」指數股票型（反向型ETF）公開說明書內容說明，主要原因是因為其中所述：「本基金報酬所對應『滬深300指數』反向1倍報酬僅限於單日。因此，投資人長期持有本基金之投資報酬可能會與同期間滬深300指數之反向1倍報酬產生偏離。」除此之外還有基金的管理費、保管費等等成本，也無法像正向ETF的投資組合

方便，反向ETF交易成本高，導致價格的連動性較差。因此投資人要特別留意，正向ETF可以定期定額買進，但是反向千萬別定期定額投資，因為價格會被這些「成本」耗損，導致投資不如預期。

「元大滬深300單日反向1倍基金」
指數股票型（反向型ETF）公開說明書摘要：

本基金以追蹤「滬深300日報酬反向1倍指數」（CSI300 Daily Return Inversed Index）之報酬表現為投資組合管理之目標。「滬深300日報酬反向1倍指數」（以下簡稱「標的指數」）係基於滬深300指數的每日收益表現所編製及計算，以反應滬深300指數單日反向1倍的報酬表現。標的指數之計算因受到累積報酬之複利效果影響，故連續兩日以上及長期之累積報酬率會偏離同期間「滬深300指數」之累積報酬，且偏離方向無法預估，故標的指數報酬所對應「滬深300指數」反向1倍報酬僅限於單日，即本基金報酬所對應「滬深300指數」反向1倍報酬僅限於單日。因此，投資人長期持有本基金之投資報酬可能會與同期間滬深300指數之反向1倍報酬產生偏離。有關計算累積報酬之複利效果之說明請詳見本基金說明書【基金概況】／伍、投資風險揭露／八／（三）之說明本基金具反向操作及追求標的指數（即滬深300日報酬反向1倍指數）報酬之產品特性，故投資人交易本基金時應注意下列事項及風險：

一、本基金係採用指數化策略，以追蹤標的指數之報酬表現
　　為投資目標，本基金具有反向風險，其投資盈虧深受市
　　場波動與複利效果影響，與傳統指數股票型基金不同。
　　本基金不適合追求長期投資且不熟悉本基金以追求單日
　　報酬為投資目標之投資人。投資人交易前，應詳閱基金
　　公開說明書並確定已充分瞭解本基金之風險及特性。

二、本基金為達到追蹤標的指數報酬之目標，投資組合整體
　　反向曝險部位將盡可能維持在基金淨資產價值100%之
　　水位，故本基金需依基金資產及市場現況每日計算基金
　　所需曝險額度及重新平衡投資組合，因此基金淨值將受
　　到每日重新平衡後之投資組合價格波動之影響。

三、滬深300指數成分股票價格波動（包括但不限於受利
　　多、利空或除息等因素影響）將影響滬深300指數及標
　　的指數走勢，而本基金追求標的指數報酬之目標，不因
　　標的指數劇烈波動而改變。

四、因下列因素，可能使基金報酬偏離標的指數報酬，且偏
　　離方向無法預估：

　　(1) 本基金需每日進行基金反向曝險調整，故基金淨值
　　　　將受到每日所交易之有價證券或期貨成交價格、交易
　　　　費用及基金其他必要之費用（如：經理費、保管費、
　　　　上市費等）、投資組合成分價格波動或基金反向整體
　　　　曝險比例等因素，可能使本基金報酬與投資目標產生
　　　　偏離。

(2) 本基金主要以放空期貨建構基金整體反向曝險部位，故基金投資組合與標的指數相關性將受到基金持有之有價證券或期貨與標的指數或滬深300指數之相關性等因素影響。此外，本基金投資組合以放空期貨交易為主，因期貨的價格發現功能使其對市場信息、多空走勢之價格反應可能不同於股票，因此當市場出現特定信息時，基金淨值將同時承受期貨及股票對市場信息反應不一所產生的價格波動影響，可能使本基金報酬將與投資目標產生偏離。

(3) 本基金以新臺幣計價，而本基金所投資的有價證券或期貨標的可能為新臺幣以外之計價貨幣，因此本基金承受相關匯率波動風險可能使本基金報酬與投資目標產生偏離。

　　因為反向ETF的投資持有成本比正向ETF高，因此進出場時間必須掌握，通常建議以「週線」判斷連結市場的多空趨勢，等轉折趨勢出現時再以「日線」操作反向ETF，「日線」下跌波段滿足後就要出場，可以參考上一章節的買賣點訊號進出場。

　　實務上，反向ETF的漲幅可能較小，投資人可以考慮以反向ETF的認購權證替代（圖5-2-4），提高收益。或是買入正向ETF的認售權證（圖5-2-5），就可以取代反向ETF價格不連動的缺點。這樣的投資方式，當ETF連結標的下跌時，反向ETF

圖5-2-3　台灣發行ETF資訊

ETF 基金資訊	
基金基本資料	⊙
基金每日淨資產價值	⊙
基金每週投資組合內容比率	⊙
基金每月持股前五大投資資產及比率	⊙
基金每季投資資產及比率明細表	⊙
基金淨值與指數歷史表現比較表	⊙
公開說明書（點選後，請輸入元大投信公司代號 A00005 查詢）	⊙
基金財務報告書（點選後，請輸入元大投信公司代號 A00005 查詢）	⊙
即時預估淨值	⊙

資料來源：http://www.twse.com.tw/zh/ETF/fund/00632R

圖5-2-4　反向型ETF認購權證

🔍 搜尋引擎

請選取發行券商⊡

標的 現貨	◉ 反向型ET ▼ 00632R 元大台灣 ▼	類　型 ▼	剩餘天數 60日以上 ▼	波動率 ▼ 20%以上 ▼
	○ 標的代碼/名稱 2330 台積電	履約價 ▼ ▼	距離平點 ▼	IV-SV ▼
成交量 ▼ 50張以上 ▼		價內外 價內20%~價外20% ▼	買量	搜尋　重置

▶ 搜尋結果 ⬇ 匯出成EXCEL　　　　　　　　　　　　　取消排序　　資料載入：30/69筆 (18:34:52)

類別	代碼	發行商	買量	委買價	委賣價	賣量	標的名稱	標的價格	履約價	價內外%	剩餘天數	行使比例	實質槓桿	BIV	SIV	距離平點%
C ⊞	030358	日盛	25	0.92	0.93	25	元大台灣50反1	13.20	13.00	1.5 內	161	1.0000	8.6	23.0	23.5	5.5
C ⊞	087244	元富	25	2.36	2.43	10	元大台灣50反1	13.20	11.00	20.0 內	126	1.0000	5.4	28.1	31.9	1.7
C ⊞	081605	凱基	300	2.29	2.30	300	元大台灣50反1	13.20	11.00	20.0 內	112	1.0000	5.7	22.5	24.4	0.8
C ⊞	084954	統一	108	2.35	2.40	108	元大台灣50反1	13.20	11.01	19.9 內	126	1.0000	5.5	28.1	31.0	1.6
C ⊞	085861	群益金鼎	25	2.05	2.15	10	元大台灣50反1	13.20	11.20	17.9 內	112	1.0000	6.2	15.1	26.3	1.1

資料來源：日盛權勝網

會上漲，反向ETF認購權證也會上漲，當然正向ETF價格會下跌，正向ETF的認售權證價格會上揚。反向ETF除了可以用在大空頭的操作外，也可以搭配在多頭走勢中的第二波和第四波的回檔，反向ETF的認購權證或正向ETF的認售權證效果較佳。

　　坊間關於ETF的書籍，大多只是介紹其基本的定義、開戶及注意事項，對於如何實務上的操作琢磨較少，通常都是建議投資人定期買入做中長期的投資規劃，但這對反向ETF的交易並不合適。主要是因為反向ETF持有成本較高，如果沒有進出場的規劃，很容易吞噬了原有的收益。作者建議以連結標的週線為

圖5-2-5　槓桿型ETF認售權證

類別	代碼	發行券商	賣量	委買價	委賣價	買量	標的名稱	標的價格	履約價	價內外%	剩餘天數	行使比例	實質槓桿	BIV	SIV	距離平盤%
P	04656P	統一	40	0.57	0.59	20	元大台灣50正2	32.44	28.50	13.8外	168	0.2490	-3.2	50.5	51.6	19.4
C	030720	統一	216	0.97	0.98	108	元大台灣50正2	32.44	31.50	3.0內	196	0.1900	3.8	49.7	50.3	13.0
C	030070	群益金鼎	25	0.62	0.63	10	元大台灣50正2	32.44	33.35	2.7外	157	0.1360	3.5	59.1	59.9	17.1
C	089884	富邦	100	0.79	0.80	10	元大台灣50正2	32.44	35.00	7.3外	155	0.2500	4.1	50.1	50.6	17.8
C	087700	元富	10	0.41	0.43	25	元大台灣50正2	32.44	38.00	14.6外	128	0.2500	4.7	46.3	47.5	22.4
P	03853P	群益金鼎	25	3.01	3.03	10	元大台灣50正2	32.44	40.00	18.9內	126	0.3500	-3.2	46.9	47.8	3.4

資料來源：日盛權勝網

多空操作準則，再以其反向ETF的日線技術指標進出。以黃金
反向ETF為例，現以黃金的週線判斷多空操作，圖5-2-6黃金的
週線在2018年4月出現週高檔背離，之後跌破週線20MA，趨勢

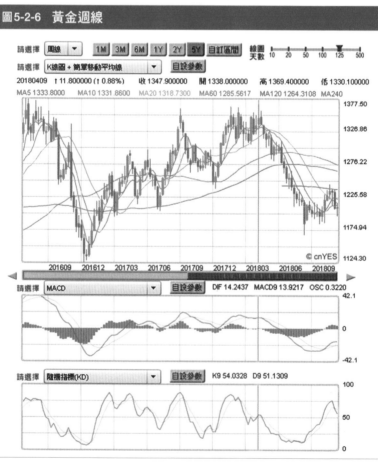

圖5-2-6　黃金週線

資料來源：https://www.cnyes.com/futures/flashchart.aspx?code=GCCON

走空，圖5-2-7黃金日線也同步轉空，此時，可以買入黃金的反向ETF，之後根據黃金反向ETF的日線（圖5-2-8）技術分析指標進出，千萬別長期持有，避免收益折損。

圖5-2-7　黃金日線

資料來源：https://www.cnyes.com/futures/flashchart.aspx?code=GCCON

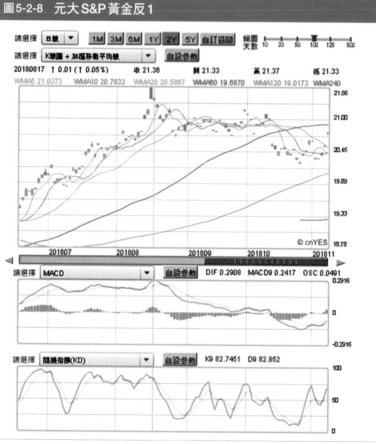

圖5-2-8　元大S&P黃金反1

資料來源：https://www.cnyes.com/twstock/flashchart/00674R.html

　　海外發行的高槓桿或反向ETF也有同樣類似的問題，但是其商品比台灣的更多元化且限制更少，投資金額也是散戶可以負擔，交易成本比台灣更低，同時若當台幣強勢時候匯出美元，當

股市走空，台幣也會走貶，反向ETF當然上漲，不僅獲得資本利得，也賺到了匯率的價差。相關投資訊息，可以參考美國第一證券網站（https://www.firstrade.com/content/zh-tw/welcome）及海外ETF搜尋網站（http://www.stockq.org/sector/）。

5-3

VIX指數

　　VIX指數也被稱為「恐慌指數」或「恐慌指標」，其劇烈的波動包含有正向和反向，是一種預測及衡量未來30天市場波動的指標，例如衡量標準普爾500指數期權的隱含波動性。當投資人認為未來投資市場的波動不大的時候，VIX指數通常都是低檔徘徊，當股市大跌時，VIX指數通常都會飆漲，反應投資市場的波動。

　　實務上，如圖5-3-2所示，當股市大跌的時候，VIX指數會大幅上揚，例如圖5-3-1 2018年2月的跌勢，就導致VIX指數從17%左右大幅上揚至38%，2018年10月10日美股大跌超過800點，當日VIX指數也是大幅上揚。投資人可以選擇相關的ETF參與行情。

　　VIX指數相關的商品絕對不能「逢低買入長期持有」，根據經驗最好的進場點可以參考週線，當週線和日線都出現「高檔背離轉折」訊號，就是買入VIX指數相關的商品的時機點，停利

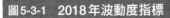

圖5-3-1　2018年波動度指標

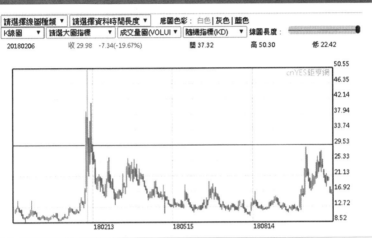

資料來源：https://www.cnyes.com/usastock/stocks.aspx?code=VIX

圖5-3-2　VIX指數走勢

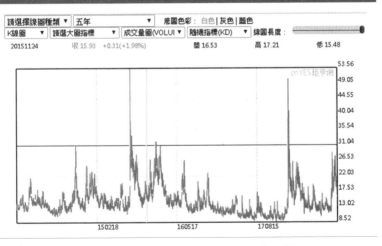

資料來源：https://www.cnyes.com/usastock/stocks.aspx?code=VIX

點可以參考日線止跌訊號，如果積極的投資人，可以參考日線指標為進出的依據。VIX指數相關的商品台灣或海外皆有發行，不過台灣發行的VIX相關商品的連動性似乎不如國外，可能是因為市場交易時間的差異等原因影響，因此更要注意買賣點，更不能長期持有，避免獲利侵蝕。

5-4

融券

　　融券就是當你看空股市或標的時，先跟券商借出股票再高檔賣出的方法之一。融券必須先開立信用戶，投資人必須年滿20歲、開戶超過3個月、近一年成交超過10筆、近一年累積成交量金額大於申請融資額度的50%及財力證明須達到申請融資額度的30%（融資額度申請小於50萬者不需提供）。財力證明可以是不動產所有權狀、銀行存款證明、有價證券證明或地價稅證明。從以上的條件規定，融資放空並非毫無投資經驗及資產的投資人可以參與。必須有足夠財力的原因是因為投資人先借股票賣出，萬一股價繼續上漲，投資人就得有足夠的錢補其差額。

　　在一般情況下，以交易所的公告為主，假設上市櫃股票融券保證金90%，投資人融券賣出股票的所有交易成本，包括了融券借券費、融券保證金及融券利息，計算如下：

例如小王賣出大立光股票1張，成交價5,000元，融券成數90%，借券費萬分之八。

融券借券費＝5,000×1,000×0.0008＝4,000

融券保證金＝5,000×1,000×0.9＝4,500,000（不足百位自動進位）

小王實際支付保證金＝4,504,000

融券利息計算＝（保證金＋擔保品）×融券利率×天數

利息計算天數＝從交割日起算到賣出交割日前一天。

現在開放當沖，對於融券的操作也有差異，散戶若想當沖，先券賣之後資買，若非當沖交易，則是券賣而後券買。

既然融券的目的是看空，希望股價跌才能獲利，哪些標的屬於這類型呢？投資人可以從每日的跌幅排行及三大法人賣超排行，發現融券放空的標的後，再以技術面確定，例如均線排列或指標空頭趨勢，特別週線出現高檔背離、KD死亡交叉等，更確定可以中期放空的好標的。

融券最好的位置是週線出現了多空轉折訊號，例如（圖5-4-2）2017年8月21日標的週線出現了轉折背離，KD死亡交叉，此時融券放空相對安全點，投資人可以嘗試交易。

不過融券放空在每年某些時間點，可能會有軋空的風險，例如在股東會前、除權息基準日前等，因為必須強制回補的規定，

圖5-4-1　投信賣超排行榜

名次	股票名稱	收盤價	漲跌	漲跌幅	買進張數	賣出張數	買賣超張數
				上市投信賣超1日排行			日期：11/12
1	2313 華通	18.60	+0.30	+1.64%	0	3,435	-3,435
2	2408 南亞科	53.80	-0.40	-0.74%	0	3,000	-3,000
3	5264 鎧勝-KY	46.00	-2.05	-4.27%	0	1,459	-1,459
4	6153 嘉聯益	31.45	-2.30	-6.81%	0	947	-947
5	1101 台泥	35.60	+0.70	+2.01%	0	905	-905
6	6278 台表科	34.10	-1.40	-3.94%	0	825	-825
7	2439 美律	123.00	-7.00	-5.38%	2	526	-524
8	6230 超眾	105.50	+2.00	+1.93%	0	419	-419
9	5269 祥碩	426.00	-47.00	-9.94%	0	417	-417
10	8163 達方	36.50	-1.40	-3.69%	0	400	-400
11	2377 微星	74.60	+1.10	+1.50%	162	511	-349
12	6213 聯茂	44.95	-0.85	-1.86%	0	315	-315
13	2327 國巨	310.00	-19.00	-5.78%	0	300	-300
14	2617 台航	18.20	+0.15	+0.83%	0	275	-275
15	2383 台光電	70.40	+0.70	+1.00%	6	273	-267
16	2492 華新科	154.00	-8.00	-4.94%	0	250	-250
17	1326 台化	107.50	0.00	0.00%	8	237	-229
18	2606 裕民	29.50	-0.45	-1.50%	0	220	-220
19	4919 新唐	36.25	-0.85	-2.29%	0	210	-210
20	3711 日月光投控	61.00	+0.40	+0.66%	0	200	-200

資料來源：http://www.yuanta.com.tw/pages/content/Frame.aspx?Node=5ad04496-18fa-42d2-a4cc-b65d3bd1ab48

當「券資比」（融券餘額除以融資餘額的比率）過高的標的（圖5-4-3），也代表融券餘額過高，未來軋空力道就更強，融券放空的投資人存在風險越高，務必小心。

圖5-4-2　台光電週線

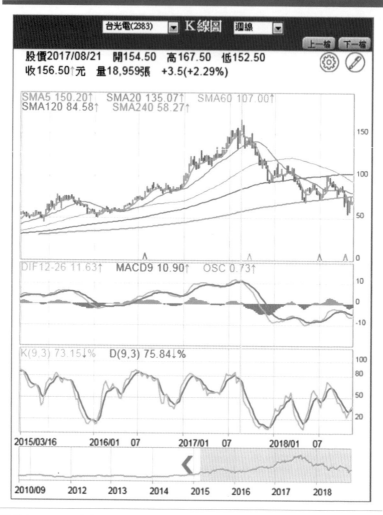

資料來源：元大寶來理財網

圖5-4-3　上市券資比排行

名次	股票名稱	收盤價	漲跌	漲跌幅	融券餘額	融資餘額	券資比
	上市券資比排行 ▼						日期：11/09
1	6230 超眾	103.50	0.00	0.00%	1,500	1,312	114.33%
2	6176 瑞儀	83.80	+ 2.30	+2.82%	3,269	4,971	65.76%
3	2345 智邦	91.60	+ 1.40	+1.55%	5,120	8,564	59.79%
4	2603 長榮	11.25	-0.15	-1.32%	26,561	45,368	58.55%
5	9958 世紀鋼	79.80	+ 1.30	+1.66%	12,083	20,849	57.95%
6	3504 揚明光	72.50	-0.30	-0.41%	3,424	6,165	55.54%
7	6552 易華電	88.20	+ 0.20	+0.23%	1,304	2,362	55.21%
8	1515 力山	54.60	-0.40	-0.73%	7,144	13,166	54.26%
9	3653 健策	65.40	-2.40	-3.54%	1,113	2,084	53.41%
10	5269 祥碩	473.00	-51.00	-9.73%	480	909	52.81%
11	2498 宏達電	38.50	-0.60	-1.53%	11,706	22,555	51.90%
12	6278 台表科	35.50	+ 0.70	+2.01%	3,097	6,044	51.24%
13	2535 達欣工	19.40	-0.35	-1.77%	661	1,303	50.73%
14	3016 嘉晶	36.70	+ 0.75	+2.09%	5,411	10,926	49.52%
15	00631L元大台灣50正2	32.22	-0.84	-2.54%	3,551	7,331	48.44%
16	3519 綠能	10.45	+ 0.10	+0.97%	4,833	10,620	45.51%
17	2542 興富發	46.20	-0.50	-1.07%	1,463	3,241	45.14%
18	5871 中租-KY	92.10	-1.40	-1.50%	2,015	4,537	44.41%
19	0061 元大寶滬深	15.03	-0.23	-1.51%	1,257	2,858	43.98%
20	4137 麗豐-KY	225.00	+ 2.00	+0.90%	627	1,430	43.85%
21	1262 綠悅-KY	34.60	-0.55	-1.56%	1,825	4,349	41.96%
22	3665 貿聯-KY	181.00	0.00	0.00%	1,801	4,389	41.03%
23	1590 亞德客-KY	261.00	-19.50	-6.95%	460	1,128	40.78%
24	0050 元大台灣50	77.80	-1.05	-1.33%	1,311	3,220	40.71%
25	1536 和大	126.50	+ 1.50	+1.20%	2,043	5,075	40.26%

資料來源：http://www.yuanta.com.tw/pages/content/Frame.aspx?Node=20f84b46-57c2-47b6-8028-f935ec97cae2

5-5

強勢貨幣

　　2018年在台股萬點時，網路上有流傳一則故事，一位爺爺贈與孫子100萬，於是孫子就上網請教網友，該如何投資這100萬意外之財，網友們很熱心的建議，可以買台積電配股配息，有人建議買債券型基金，也可以買投資型保單等等，只有一位網友說，請把100萬放在床底下，也許過1~2年後，你會贏過所有的投資組合，真的是智者啊！不過我會建議他換成強勢貨幣放，收益率更高。

　　確實如此，當金融風暴來臨時，因為資金外逃，大部份國家的貨幣是貶值，特別是新興國家。以台灣2008年金融風暴的歷史，台幣短短半年左右，急貶至34元多（圖5-5-1），股市大跌，此時買任何股票或是金融商品大多賠錢，若投資人不懂放空或操作反向ETF，不如在台幣28~29元時候換成美金，等止貶後再換回台幣，報酬率也是相當高。事實上，2018年中許多國家的貨幣就開始走貶了，也預告了該國資本市場的不穩定及波動

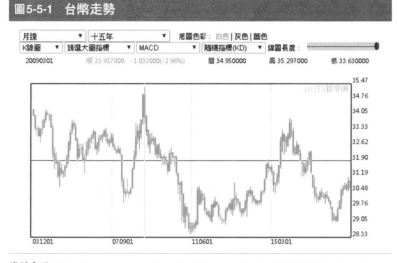

圖5-5-1　台幣走勢

月線 ▼	十五年 ▼		底圖色彩：白色 | 灰色 | 藍色	
K線圖 ▼	請選大圖指標 ▼	MACD ▼	隨機指標(KD) ▼	線圖長度：

| 20090301 | 收 33.917000　-1.033000(-2.96%) | 開 34.950000 | 高 35.297000 | 低 33.630000 |

資料來源：https://www.cnyes.com/forex/html5chart.aspx?fccode=USD/TWD&rate=exchange

變大，有的國家會用升息來抑制該國貨幣的貶值，但升息如雙刃刀，即便穩了匯率卻也打擊了國內的經濟。

　　貨幣投資的操作方式相當多，最簡單除了現金買入外，外匯保證金、外匯相關權證或是ETF，在台灣市場都有投資管道。不過在此提醒散戶，有些地下外匯保證金平台並非合法，千萬別碰。此外，外匯保證金的操作需要對總經及貨幣政策和專業有高敏感度，同時槓桿相當大，有時一天上下的波動幅度高達100%，一旦行情誤判，可能連跳樓都無法擺平虧損，請務必三思。通常建議若是現股投資沒有高達九成的勝率（投資十次，獲利九次），請勿輕易嘗試外匯保證金的操作。

外幣定存是最安全且穩定獲利的投資方式，較積極的投資人可以買入台灣發行的美元指數相關ETF（圖5-5-2），投資報酬率比外幣定存優。更積極的參與者，甚至可以買入槓桿性更高的認購權證，收益率為ETF的5~10倍不等。當然，槓桿高低的選擇取決在投資人本身的專業度，因為當方向預測錯誤時，槓桿越高的金融商品，肯定投資的損失更大。

至於匯率商品的進出場，除了要觀察貨幣或財政政策的動向，例如美國Fed升息趨勢就是導致美元走強的主因。就散戶而言，研究總經政策可能過於深奧，技術分析就是最簡單的判斷工具。貨幣的波動比股市小，但以台灣市場而言，當台幣貶值時，台股傾向下跌，反之台幣升值時，台股走上升趨勢。根據歷史數

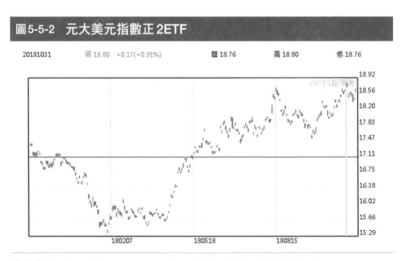

圖5-5-2　元大美元指數正2ETF

| 20181031 | 收 18.80 | +0.17(+0.91%) | 開 18.76 | 高 18.80 | 低 18.76 |

資料來源：https://www.cnyes.com/twstock/html5chart/00683L.html

據統計，兩者的相關性大約是3~5倍，例如匯率貶1%，台股可能跌幅3~5%左右，簡單計算，當台幣貶一元時，依據當時的經濟情況，台股平均跌幅約500~1000點，避險貨幣除了美元外，日幣也是選擇之一。可搭配外匯交叉利率，技術分析判斷進出場。由於台幣波動較小，除了外匯保證金操作，需要搭配短週期的技術線型參考，作者經驗提供，外匯相關ETF可以觀察匯率的日線或週線作為進出場的買賣點依據，而單純外幣定存的投資人，也可以拉長週期，以月線做基礎進出。權證操作者，可以搭配日線和30分的技術分析變化交易，技術分析的進出場訊號請參考前文。

第六章

交易紀律及投資心理學

　　在多年的教學經驗中，投資人最關心的問題之一是「如何停損」，其實這問題和交易紀律有關。然而，在執行交易紀律的前提是必須學習「專業」，否則就無法體會。記得之前在上市券商工作時候，每天七點半左右到達公司，必須至少花費半個小時閱讀經濟日報及工商日報，了解即時的全球財經資訊，包括了歐美亞股市等等，八點十分準時開部門晨會，每個同仁負責不同的市場分析及商品的討論，才能開始一天的投資交易操作，這樣的開盤準備，週而復始，重複執行，這就是投資的基本紀律。然而，一般的投資散戶完全不可能有如此的專業訓練，通常都是道聽塗說，更不願意自我充實的進修投資理財相關的課程，這樣的心態是不可能在股市投資穩定獲利，往往最後都是一無所有的輸家。

　　最後一章節主要是補充如何自我訓練成為有「紀律性」的交易者，同時分析贏家的投資心理，如何在市場一片恐慌或樂觀氣氛中，無懼的買入或率性出場。

6-1

專業為紀律的基礎要素

　　每個人想進入金融證券業當交易員前，都必須有完整的教育基礎，其中包括大學四年與金融投資相關的理論基礎課程，加上商研所二年的學習，還得考過國家級的金融相關證照，才能進入公司當個交易菜鳥。這些專業涵蓋了經濟學、貨幣銀行學、投資學、財務管理、會計學、統計學、衍生性商品專業等等。甚至因應現在的AI投資，交易員還得懂得寫程式交易，具備完整的教育訓練後，才一步步地邁向交易實務的操作。進來公司後，就是日復一日地重複前文所提到的準備工作，努力提高勝率，否則也是無法勝任而必須離職。然而，一般散戶投資人沒有這些基礎專業教育的養成，就貿然的砸錢進入股市交易，賠錢是可預期的，不願學習專業，輸錢就是永遠的宿命。

　　事實上，紀律的實踐就是專業的養成，專業會教導你「買進」和「賣出」的訊號，包括經濟面、技術面和財務面，換言之，散戶必須利用自學或是課程的培訓，快速的補充投資交易的

相關基本知識，千萬別矇著眼下單，肯定十賭十輸。

拜科技所賜，現在的投資人可藉由網路快速的搜尋到投資相關的專業知識，甚至有許多投資達人的經驗分享。作者的臉書就長期的提供每天國內外金融投資的相關新聞，幫助投資人快速的掌握全球的金融脈動，而有助於決定投資交易決策。

既然每天閱讀這些全球的經濟新聞是如此的重要，究竟哪些重點是不可忽略的？通常每天重點新聞大抵區分如下，歐美日國家的重要經濟新聞，其中以貨幣政策最為重要，因為貨幣政策是直接控制「金錢」的存量和流量，投資市場只要缺「錢」就玩不下去。因此，Fed的利率政策特別重要，他會牽動著所有金融投資商品的價格走勢。例如，從2014年寬鬆貨幣的轉向後，債券價格首先反映，若身為債券交易員就必須相當的注意手上部位的變化，是否需要採取避險的動作？後來果真持續的升息，債券價格當然明顯下跌了。利率的上升不僅影響債券商品，各行業皆受影響，只是時間快慢的差別而已。甚至當利率升息到一個階段，貨幣緊縮的效應就會影響股市，甚至造成多空的轉折，投資人必須相當地注意。

總經新聞當然不只有要注意貨幣或是財政政策的方向外，經濟指標的變化也是得密切觀察，例如在第二章提及的「景氣領先指標」，其指標顧名思義就是具有領先景氣變動的性質，先經濟轉折點前發生，可以提早預測未來景氣的變動。台灣領先指標由外銷訂單指數、實質貨幣總計數、股價指數、製造業存貨量指

數、工業及服務業加班工時、核發建照面積（住宅、商辦、工業倉儲）及SEMI接單出貨比七項構成。例如當領先指標中的外銷訂單增加，意味著接下來工廠就會要加班或是缺工，員工所得或增加，或是因為缺工而降低失業率。若是外銷訂單減少，結果剛好顛倒，這些因果循環的原因是可以簡單的推理出來。藉由這些數字可以預測未來投資的多空方向。

其中，作者特別注意貨幣供給（M1B）和匯率的變化，因為這是「多空轉折」最直接的訊號，特別是M1B呈現正轉負（負轉正）成長時或是匯率急貶（急升）的關鍵點，這些都是強烈的「轉折」訊號。2008年就是在第一季末出現了正轉負且貨幣急貶，之後台股直接跌破十年線，直到M1B在2009年第一季出現負轉正成長才止跌。但是在2012年及2015年（圖6-1-1）雖然台股跌至十年線，卻不像2008年般的跌破，主要是因為M1B都維持在正成長，且匯率也不似當時如此貶值，每個月都會公告貨幣供給的數字，投資人必須密切追蹤。

表6-1-1　全球趨勢週期影響判斷

時間	參考內容
短期	股市指數漲跌及技術分析、匯率走勢
中期	經濟指標、利率走勢
長期	財政政策及貨幣政策

圖6-1-1 1997年至2018年台股指數月線

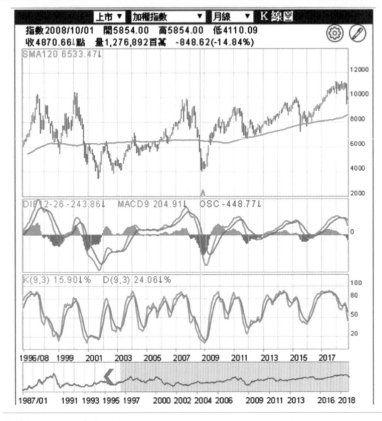

資料來源：元大寶來理財網

　　每日新聞的閱讀重點除了以上的資訊外，還可以藉由這些資料分析操作的趨勢產業，例如之前大幅報導無人電動車、AI或是先進的發展產業，都造成相關個股的飆漲，投資人可以藉由每

天的資訊追蹤充分的瞭解「選股趨勢」。

除了每天的資訊收集外，投資人也必須定期的閱讀商業或投資相關的雜誌，因為這些雜誌經過編輯有系統地分析，相當值得參考。不僅如此，每個月選擇1至2本的國外翻譯暢銷財經新書，也是補充投資新知的有效方法之一。

除此之外，散戶沒有大戶的內線和籌碼，也沒有法人的專業和資金，技術分析專業是散戶的基本「防身術」，雖然技術分析本身也是會有被籌碼左右的機會，但是越長期的趨勢越不容易被大戶或法人控制，特別是「週線」的趨勢。除了《十分鐘逆轉勝》第二章，針對技術分析完整的解說外，本書的第二章也特別地將「多空轉折」技術分析訊號交代清楚，投資人善加利用，就能趨吉避凶、持盈保泰。

「公司經營」是股票投資的風險之一，台灣的公司平均黃金期不超過十年，換言之，想以存股養老的投資人就必須關心個股財報數字。公司出現主要經營問題不外乎以下的情況：產品失去優勢、產能過剩或是被內部人掏空等等，這些狀況就需要瞭解財報中營收數字變化、負債、現金流等。例如曾為台灣之光的手機股王，股價跌破千元關卡時，月營收早已經出現衰退。還有一些掏空公司資產的財報，早在事情發生前二年，財報數字就露餡了，這些的內容也在前文第二章描述詳盡，歷史重複的發生，投資人務必提高警覺。

當投資人持續的精進投資的專業後，才會懂得「紀律」，因

為紀律的定義就是在既定的規則下「重複化」，簡單的說，例如從經濟面、技術面及財務面等專業中，瞭解了最佳的進出「買賣點」，在往後的實務交易時，就依據這些專業的規則及SOP，重複的執行，這就是紀律。

6-2

實踐修正化繁為簡

　　基礎的投資理財專業經過日積月累的學習後，最重要的就是要實踐。菜鳥交易員剛進入工作職場時，除了自我的訓練外就是主管的教導，最終目的當然是「提高勝率」為部門創造最好的績效。每天的訓練除了前文所言，每週會讓菜鳥交易員推薦標的，並且追蹤後續的走勢。散戶也可以學習這樣的訓練過程，例如參考下列的內容，勤勞地紀錄操作日誌，不要再像過去一樣不明究理的盲目投資，清楚的紀錄投資標的的基本面、技術面和籌碼面。基本面包括了營收狀況還有相關的新聞搜尋，從基本面的分析可以了解該標的的內在本質和競爭力。掌握籌碼面的變化，在法人的保證下，進出當然更安心。由基本面和籌碼面篩選過濾後，實踐「獲利」就得靠「技術分析」了。技術分析的買賣點除了第二章說明，可以參考範本內的重點，特別注意週線、日線及30分線的技術分析指標變化，週線的方向來保護日線的短期操作。每天檢討紀錄進出場的位置和指標變化，指標的變化是否如

預期？若不如預期？試著尋找問題為何？基本上，若選擇的標的能在「三天」內表態，走勢符合趨勢的判斷，就代表了專業和紀律已經達標。

操作日誌參考範本

標的＿＿＿＿＿＿＿代碼＿＿＿＿＿＿＿方向＿＿＿＿＿＿＿

資本額＿＿＿＿＿＿＿

主要生產項目＿＿＿＿＿＿＿

營收面：

第＿＿＿＿＿＿季的營收為新台幣＿＿＿＿＿＿億元，

較第＿＿＿＿＿季的＿＿＿＿＿億元成長或衰退＿＿＿＿＿＿，

最近三個月的營收成長％和數字＿＿＿＿，＿＿＿＿，＿＿＿＿

籌碼面：

法人持股比例和張數：外資＿＿＿＿＿＿＿投信＿＿＿＿＿＿＿

法人這三天連續買賣超外資＿＿＿＿張；投信買賣超＿＿＿＿張

千張股東持有比例＿＿＿＿＿＿％

法人持股誰為主力＿＿＿＿＿＿何時開始大量進貨＿＿＿＿＿＿

新聞面：（自行搜尋網路新聞，注意產品營收開發相關議題）

技術面：

週線中期趨勢（多頭或空頭排列）＿＿＿＿＿＿＿＿＿＿＿＿，

前一波均線集結的時間＿＿＿＿＿＿＿

日線短期趨勢（多頭或空頭排列）＿＿＿＿＿＿＿＿＿＿＿，

前一波均線集結的時間＿＿＿＿＿＿＿＿＿

日K（畫出趨勢線）

波浪理論第幾波＿＿＿＿＿＿＿＿股價＿＿＿＿＿突破or跌破下降切線

or上升切線，是否進入盤整區。

周K

5MA＿＿＿＿＿＿元，10MA＿＿＿＿＿＿＿元，20MA＿＿＿＿＿＿元，

60MA＿＿＿＿＿元，120MA＿＿＿＿＿元，250MA＿＿＿＿＿＿元

最近出現高檔（低檔）背離（MACD＋KD）日期＿＿＿＿＿＿＿＿

KD數字＿＿＿＿＿＿＿最近黃金或死亡交叉出現日期＿＿＿＿＿＿＿＿

MACD紅柱或綠柱的幾根＿＿＿＿＿＿預計縮短或是增加＿＿＿＿＿＿

數字＿＿＿＿＿＿＿＿

DIF零軸上或下＿＿＿＿＿＿＿＿＿判斷趨勢多或空＿＿＿＿＿＿＿＿

日K

5MA＿＿＿＿＿＿元，10MA＿＿＿＿＿＿＿元，20MA＿＿＿＿＿＿元，

60MA＿＿＿＿＿元，120MA＿＿＿＿＿元，250MA＿＿＿＿＿＿元

最近出現高檔（低檔）背離（MACD＋KD）日期＿＿＿＿＿＿＿＿

KD數字＿＿＿＿＿＿＿最近黃金或死亡交叉出現日期＿＿＿＿＿＿＿＿

MACD紅柱或綠柱的幾根＿＿＿＿＿＿預計縮短或是增加＿＿＿＿＿＿

數字＿＿＿＿＿＿＿＿

DIF零軸上或下＿＿＿＿＿＿＿＿＿判斷趨勢多或空＿＿＿＿＿＿＿＿

30分（權證操作必須記錄）

5MA＿＿＿＿＿＿元，10MA＿＿＿＿＿＿＿元，20MA＿＿＿＿＿＿元，

60MA_____元，120MA_____元，250MA_____元

最近出現高檔（低檔）背離（MACD＋KD）日期_____

KD數字_____最近黃金或死亡交叉出現日期_____

MACD紅柱或綠柱的幾根_____預計縮短或是增加_____

數字_____

DIF零軸上或下_____判斷趨勢多或空_____

進場訊號提示

作多：KD低檔（準備黃金交叉），MACD紅柱續增或綠柱準備
　　　縮，股價回到均線支撐

做空：KD高檔（準備死亡交叉），MACD綠柱續出或紅柱準備
　　　縮，股價反彈到均線壓

出場訊號提示

作多：KD高檔（準備死亡交叉），MACD紅柱縮或是背離出
　　　現，股價正乖離過大，轉折K線

做空：KD低檔（準備黃金交叉），MACD綠柱縮或背離出現，
　　　股價負乖離過大，轉折K線

操作日誌基本觀察重點

1. 基本面：月營收成長或衰退趨勢
2. 籌碼面：融資、券餘額，外資投信買賣超
3. 技術面：包括 KD 和 MACD 指標位置，均線壓力和支撐價格
4. 技術分析日線至少要觀察半年時間
5. 日線、周線及 30 分 K 的壓力和支撐價格
6. 日 K 型態，趨勢線和頸線位置的標注
7. 預估停利點價格

6-3
危機入市致富法則

　　我大學時期就開始接觸股票投資，當時沒有現在豐富的網路資訊和書籍，就是看報紙找明牌，根本不懂什麼基本面、技術面或是籌碼面的專業，也沒有什麼課程或是老師可以教導，當時只有投顧分析師或股友社等機構，會費當然不是窮學生可以負擔得起，因此大多傻傻的憑直覺買賣，其結果當然是慘賠。不過由於在大學時期就開始接觸並自學相關的投資專業，例如經濟學、貨幣銀行學或是投資學等等。但是對於技術分析這樣的實務操作，即便看了書上寫的內容，還是一頭霧水。

　　直到利用週末到東海大學選修MBA學分班，第一次開始進修與理財相關的「投資學」，也正式的開啟我人生的另一扇窗。課堂中對我影響最大的一句話是「危機入市」，忽然頓悟，對喔！為何從來沒有以這樣的思考邏輯交易呢？於是開始採用這樣的方式進場，對其他的內容倒是還給老師了。當時正逢1997年亞洲金融風暴，全球的股市災情慘重，心想剛好符合「危機入

市」的情境，於是選擇了韓國、日本和泰國的基金定期定額的買入基金。還記得韓國基金從淨值12元跌至6元，心想打了對折應該值得買進吧？沒想到天天都便宜，直接打了三折價才止跌，從6元持續扣繳基金至3元多，加上日本和泰國的投資，帳單上的報酬為負，我也只好暫時失憶，當作「不存在」來矇騙自己。哪知沒過多久，轉折直上漲到平均成本約4元多，我選擇暫停扣款，等待出場。最後分批在9元及11元價格賣出停利，平均250%的報酬率，當然日本和泰國的基金也是大獲全勝出場。

　　「危機入市」是當時我選擇進場的唯一方法，但由於進場點還是過早，因此開始去學習「技術分析」及「經濟學」累積專業。而出場的時機點，也是因為提早賣出日本科技基金，少賺一半而得來的經驗。當時投資的淨值已經三倍獲利，日幣此時開始狂升，由於實務經驗的不足，僅根據經濟學的理論，擔心幣值的升值會影響日本的出口，就立即將獲利三倍的日本基金停利賣出。然而，該基金最後竟然大漲六倍才轉折。這個經驗促使我翻遍書籍研究分析，終於瞭解了匯率和股市走勢的相關性及時間的遞延效應。經過當年的實務經驗和事後的研究分析，接下來的2000年金融風暴前夕，藉由匯率變化，就在最佳賣點平安出場。

　　除了投資基金、股票外，房地產投資的最佳點也是可以參考「轉折」買賣點。基本上，並不建議年輕小資族直接投資房地產，主要原因是如果開始繳交房貸後，就沒有多餘的錢來參與股市投資。所以，投資房產的第一桶金最好先從股市賺取後再進入

房地場市場。例如，投資人如果熟悉股市的「多空操作」，可以在下跌空頭期，運用認售權證擴大槓桿，就有機會累積到「買房基金」，然後在金融風暴來臨後的半年再考慮進場購屋。運用投資的專業是可以讓你的人生許多的目標和計畫，縮短時間提早實現。作者本身就是利用這些「危機入市」的機會，完成了出國留學及購屋置產，一步步地達到財富自由的生活。

　　每個人都嚮往「財富自由」的人生，然而在投資市場「八二法則」的結果中，僅有二成的贏家，而這些贏家所努力經歷的過程，可能比我上述還嚴謹，讓我們一起共同努力吧，唯有專業才是致勝的法寶。

投資網站介紹

台灣證券交易所 http://www.twse.com.tw/ch/index.php

常用交易資訊

加權股價指數歷史資料

三大法人買賣金額統計表

融資融券餘額

平盤下得融（借）券賣出之證券名單

投信買賣超彙總表

外資及陸資買賣超彙總表

當日可借券賣出股數

當日融券賣出與借券賣出成交量值

統計資料

證券市場統計概要與上市公司市值、投資報酬率、本益比、殖利率一覽表

上市股票本益比及殖利率

證券交易統計表

證券櫃買中心 http://www.gretai.org.tw/web/index.php?l=zh-tw

公開資訊觀測站 http://mops.twse.com.tw/mops/web/index

國家發展委員會 http://www.ndc.gov.tw/

景氣指標查詢系統 http://index.ndc.gov.tw/inQuery.
aspx?lang=1&type=it01

重大政策發展 http://www.ndc.gov.tw/m1.aspx?sNo=0017181&ex=1
&ic=0000015#.U9uHBWccSPw

中央銀行 http://www.cbc.gov.tw/mp1.html

行政院主計處 http://www.dgbas.gov.tw/mp.asp?mp=1

鉅亨網 http://www.cnyes.com/

全球經濟指標 http://www.cnyes.com/economy/indicator/Page/
schedule.aspx

全球外匯行情 http://www.cnyes.com/forex/forex_list.aspx

黃金行情 http://www.cnyes.com/gold/

原物料行情 http://www.cnyes.com/futures/material.aspx

全球基金行情 http://fund.cnyes.com/

聯合新聞網 http://udn.com/NEWS/STOCK/STO6/

中時電子報 http://news.chinatimes.com/

股狗網 http://stockdog.tw/stockdog/index.php?p=home
http://stock.nlog.cc/

選股大師 http://phs.nsc.com.tw/z/zk/zkMap.htm

NLog 股票分析平台 http://stock.nlog.cc/S

技術分析學院 http://www.moneydj.com/z/analyst/analyst1.htm

股東會紀念品達人做的網站 http://stock.wespai.com/rate101

元大寶來證券 http://www.yuanta.com.tw/pages/homepage/Security.
aspx?Node=3ebfd711-ea07-417f-8723-83d73ebaa4ac

C Money 理財寶 http://www.cmoney.tw/app/?fw=1

新商業周刊叢書BW0699

不怕牛熊，看準多空一樣賺：
不管景氣好壞、不論漲跌起伏，逆風市場也能上看獲利20%

作　　　者／王奕辰（王衡）
責 任 編 輯／簡伯儒
版　　　權／翁靜如、黃淑敏
行 銷 業 務／王瑜、周佑潔

總　編　輯／陳美靜
總　經　理／彭之琬
發　行　人／何飛鵬
法 律 顧 問／台英國際商務法律事務所　羅明通律師
出　　　版／商周出版
　　　　　　臺北市104民生東路二段141號9樓
　　　　　　電話：(02) 2500-7008　傳真：(02) 2500-7759
　　　　　　E-mail: bwp.service @ cite.com.tw
發　　　行／英屬蓋曼群島商家庭傳媒股份有限公司　城邦分公司
　　　　　　臺北市104民生東路二段141號2樓
　　　　　　讀者服務專線：0800-020-299　24小時傳真服務：(02) 2517-0999
　　　　　　讀者服務信箱E-mail: cs@cite.com.tw
　　　　　　劃撥帳號：19833503　戶名：英屬蓋曼群島商家庭傳媒股份有限公司城邦分公司
訂 購 服 務／書虫股份有限公司客服專線：(02) 2500-7718；2500-7719
　　　　　　服務時間：週一至週五上午09:30-12:00；下午13:30-17:00
　　　　　　24小時傳真專線：(02) 2500-1990；2500-1991
　　　　　　劃撥帳號：19863813　戶名：書虫股份有限公司
　　　　　　E-mail: service@readingclub.com.tw
香港發行所／城邦（香港）出版集團有限公司
　　　　　　香港灣仔駱克道193號東超商業中心1樓
　　　　　　電話：(852) 2508-6231　傳真：(852) 2578-9337
馬新發行所／城邦（馬新）出版集團
　　　　　　Cite (M) Sdn. Bhd.
　　　　　　41-3, Jalan Radin Anum, Bandar Baru Sri Petaling, 57000 Kuala Lumpur, Malaysia.
　　　　　　電話：(603) 9056-3833　傳真：(603) 9057-6622　E-mail: services@cite.my

封面設計／張議文
印　　刷／韋懋實業有限公司
經 銷 商／聯合發行股份有限公司　電話：(02) 2917-8022　傳真：(02) 2911-0053
　　　　　地址：新北市新店區寶橋路235巷6弄6號2樓

■2019年（民108）1月初版　　　　　　　　　　　　　　　Printed in Taiwan

定價350元　　　　　　　版權所有・翻印必究
ISBN 978-986-477-597-2

城邦讀書花園
www.cite.com.tw

國家圖書館出版品預行編目（CIP）資料

不怕牛熊，看準多空一樣賺／王奕辰著.著.-- 初
版.--臺北市：商周出版：家庭傳媒城邦分公司發
行,民108.01
　面；　公分.--（新商業周刊叢書；BW0699）
ISBN 978-986-477-597-2（平裝）

1. 股票投資　2. 投資技術　3. 投資分析

563.53　　　　　　　　　　　107021866